이민,
영혼의 자유를 찾아 떠나는 여행

이민, 영혼의 자유를 찾아 떠나는 여행

펴낸 날 · 2009년 9월 5일 | **초판 1쇄 찍은 날** · 2009년 9월 10일
지은이 · 빈센트 심 | **펴낸이** · 김승태
등록번호 · 제2-1349호(1992. 3. 31) | **펴낸 곳** · 예영커뮤니케이션
주소 · (136-825) 서울시 성북구 성북1동 179-56 | **홈페이지** www.jeyoung.com
출판사업부 · T. (02)766-8931 F. (02)766-8934 e-mail: edit1@jeyoung.com
출판유통사업부 · T. (02)766-7912 F. (02)766-8934 e-mail: sales@jeyoung.com

copyright ⓒ2009, 빈센트 심
ISBN 978-89-8350-734-1(03040)

값 13,000원

이민, 영혼의 자유를 찾아 떠나는 여행

서구 문화가 흐르는 영연방국가 뉴질랜드로 떠나는 이민 도전기!

빈센트 심 지음

차례

2장 나그네 같은 이민 생활에서 무엇을 해야 잘 먹고 잘사나!
— 음식점 사업에 관하여

3장 나그네 같은 이민 생활에서 무엇을 해야 잘 먹고 잘사나!
— 소매 사업에 관하여

4장 나그네 같은 이민 생활에서 무엇을 해야 잘 먹고 잘사나!
－ 서비스 사업에 대하여

글렌필드의 무전여행기를 시작하며

나그네처럼 살아가는 이민의 삶은 각본 없는 드라마같다. 하나님께서는 이 드라마를 연출하시고 시나리오의 주제를 무전 여행으로 하셨다. 드라마 출연 배우는 나그네 같은 이민자들이며 드라마의 목적은 천국으로 인도함이다. 또 하나님께서는 이 드라마를 창조하신 모든 것과 협력하여 선을 이루도록 구성하셨다. 이렇게 이민 생활은 참 기묘한 드라마나 나그네 같은 경험을 가진다. 누구나 어려서부터 많은 꿈을 꾸고 경험하기를 원한다. 그러나 이와 같은 이민의 경험은 생각보다 상상 이상이다.

필자가 이 글을 쓰는 가장 큰 이유는 이런 드라마 같은 이민의 경험을 많은 사람에게 알리는 것에 있다. 누구나 한치의 오차 없이 살 수는 없다. 망망대해에서 아무것도 없이 살아가는 나그네 같은 이민자들은 더욱 많은 시행착오로 방황한다. 그런 이민자들에게 등대가 되고 싶다. 이 책이 단 한 사람만에게라도 나침반이 되었으면 한다. 그리고 언젠가 그들이 천국의 부둣

가에 닻을 내렸으면 한다.

인생은 무전여행을 하는 나그네의 삶과 같다. 무전여행은 계속된다. 그 무전여행 속에서 삶을 깨우는 진리를 발견해야 한다. 이민 생활을 하면 인생이 무전여행이라는 진리가 발견된다. 그런데 그 진리를 깨우치는 과정 중에 제일 힘든 것은 바로 먹고 사는 문제이다. 이민자들은 먹고 사는 문제에 대한 해결이 절실하다. 먹고 살기 위해 무엇을 해야 하고 어떠한 일을 해야 될지 모르는 막막함이란 이루 말할 수 없이 힘들다.

이 책은 이민 설명서가 아니다. 객관적인 이민 정보를 표현한 것이 아니다. 성경적이며 문화적인 접근으로 서술하였다. 방황하고 불안한 이민의 삶에 가이드가 되고 위안이 되었으면 한다. 또 먹고 사는 절실한 문제에서 무엇을 해야 잘 먹고 잘사는지 시각을 넓히는 책이 되었으면 한다. 그러기 위해 어떻게 이민 사업에서 성공할 수 있는지 하나님의 방법에 대해 서술하였다. 이 책을 끝까지 읽으면서 잊지 말아야 할 주제가 있다. 만약 당신이 무전여행 속에 나그네와 같은 이민 생활을 한다면 천국을 경험할 수 있다. 이것이 이 책의 주제다. 이 글은 절대 이민 성공기가 아니다. 지금 이 글을 쓰고 있는 필자도 막막함을 가지고 있다. 그러나 막막함 속에서 하나님을 믿고 예수님과 함께 추억을 얻으며 살고 있다. 이런 이민의 삶은 하나님께서 주신 선물이다. 결국 아무것도 없는 와중에 무엇을 얻어 가는 무전여행이 된다. 돌아갈 곳 천국을 생각하며 하나님께서 주신 이민의 삶을 겸허히 받아들이면 된다. 그때 이민자들은 천국을 향해 떠나는 나그네가 된다. 하나님께서는 부족한 필자를 통해 많은 이민자들을 나그네가 되게 할 것이다. 또 앞으로 이민을 생각하는 사람들에게 자유자 같은 무전여행으로 초대하고 싶다.

많은 사람들은 자기의 가치관이 안 맞는 삶을 불행하다고 본다. 이민의 삶은 한국에서의 삶이 불안하다고 생각하면서부터 시작된다. 사람들은 기억하기 싫어하면서 어딘가에 기록을 남긴다. 필자도 그 부류가 아닐까 생각해 본다. 조국 대한민국은 필자가 태어나고 자란 곳이다. 기억하기 싫은 것도 참 많이 있다. 필자의 대학교 시절은 미래가 불확실한 시대였다. 많은 종류의 학생들이 있었다. 취직을 위해 도서관에서 공부하는 학생도 있었다. 또 고등학교 시절의 입시의 지옥에서 해방되고 자기 억제에 풀려 자유롭게 살아가는 학생도 있었다. 그리고 자기의 신념을 위해 데모하는 학생도 있었다. 필자는 자유도 만끽하지 못하고 신념도 없는 그런 부류에 속했었다. 어찌 생각하면 그 시절이 필자에게는 참 좋았던 것 같다. 의무감이란 리포트를 내고 시험만 치르면 되었기 때문이었다. 그런데 결혼을 하고 가정을 이루면서 자녀 교육에 대한 생각은 무엇인가 해 주어야 하는 의무감으로 가득했다. 불합리한 사회 교육 구조 속에 점점 더 많은 의무감은 중압감으로 변해 가고 있었다. 필자의 마음속에는 무엇인가 속박된 기분을 느끼게 되었다. 여기에서 벗어나고 싶었다. 어쩌면 그 속박에서 자유하고 싶은 마음 때문에 이민을 생각했을지 모른다. 결국 세월이 흘러 필자는 뉴질랜드로 이민을 왔다. 그리고 매일 오클랜드에 있는 이민자들의 사업장을 돌아다니며 그들의 이야기를 듣고 그들의 어려움을 같이 아파하면서 생업에 종사하고 있다. 모든 것이 새롭고 낯설며 힘들게 이어지고 있다.

　필자에게는 가족이 있다. 이 글을 무슨 게임인 양 쳐다보는 순진무구한 딸을 보면서 내 의무는 끝이 없는 것 같다. 이 딸과 두 아들의 앞날에 필자가 해 줄 수 있는 모든 것을 올인 해야 한다. 옛날 필자의 아버지와 어머니께서 걸어오신 길을 똑같이 걸어가고 있다. 애들 교육 때문에 고향을 버리고 서울로 고생을 마다하지 않고 오신 두 분처럼 필자도 뉴질랜드 글렌필드(Glenfield) 지역으로 이민을 왔다. 이것이 인생의 법칙이 아닐까? 어머니께서는 마포에서 돌아가셨다. 지금 필자의 두 아들과 딸은 서울에서 태어나 뉴질랜드에서 살고 있다. 마포와 글렌필드는 내 인생에서 지역적으로 너무나 공통점이 많다. 우선 시내 중심가와 다리로 연결되었다. 글렌필드는 오클랜드 시내와 다리로 연결되어 시내로 왕래하는 엄청난 차량들로 출퇴근 시간에는 항상 정체 현상이 일어난다. 마찬가지로 마포대교도 여의도로 연결되어 출퇴근 시간에는 엄청난 정체가 일어나는 곳이다. 그리고 야경과 경치가 바다와 강물을 끼고 있어 너무나 아름답다. 마포에서 바라보는 여의도의 야경은 한강과 어울려 너무나 아름답다. 실제 여의도는 정치와 비즈니스 경쟁의 몸부림이 있는 곳이다. 마찬가지로 글렌필드 지역에서 보는 오클랜드 시내 야경은 태평양 바다와 어울려 장관을 이룬다. 특히 스카이 타워는 야경의 백미를 이룬다. 그러나 스카이 타워의 카지노는 많은 사람들이 도박 중독에 정신적으로 물질적으로 죽어 가고 있는 곳이다.

역사적으로 마포와 글렌필드도 공통점이 많은 것 같다. 마포와 글렌필드는 저항 속에 삶과 죽음의 헤어짐이 있었던 곳이다. 마포는 절두산 성지를 비롯하여 많은 천주교인들의 순교가 있었던 곳이 있다. 이 순교의 피로 더욱 하나님의 나라가 널리 퍼지게 되었다. 지금도 기독교인들은 마포의 절두산 지역을 성지라 생각하고 있다. 기독교인이 아닌 사람에게 이곳이 관광코스가 되어 관람을 온다. 마찬가지로 뉴질랜드의 글렌필드란 이름의 유래는 스코틀랜드의 글렌(Glen)에서 유래된다. 골짜기라는 뜻에서 알듯이 잉글랜드의 침략이 있었을 때 수많은 생명들이 골짜기에서 저항하면서 죽어 갔다. 지금 스코틀랜드 사람들은 글렌이란 이름을 좋아하고 성지라 생각한다. 그곳을 생각하며 초기 영국 출신의 이민자들은 오클랜드 북쪽의 골짜기 지역을 글렌필드라고 지은 것이다.

나그네 같은 이민에서 이런 역사적 사실에 많은 생각을 하게 한다. 사람들은 인생을 양지와 음지처럼 구분한다. 그래서 힘든 이민 경험을 음지라고 생각한다. 그런데 음지라고 해서 인생의 기쁨이나 행복이 없었던 것은 아니다. 결국 하나님께서는 구분하지 말고 당당하게 맞서기를 바라신다. 마포와 글렌필드처럼 저항하기를 바라신다. 이민 생활에서 언어적, 문화적 차이로 느끼는 당황함과 어려움에 저항해야 한다. 음지이지만 모든 것들이 하나님께서 주신 선물이라고 생각하면 된다. 이제는 아침에 일어나 오늘은 하나님께서 어떤 선물을 주시나 고대한다. 자기에게 주어진 음지와 그림자를 겸허히 받아들이는 자세가 있어야 한다. 이것이 인생의 삶에 있어서 얼마나 소중한가를 새삼 느껴 본다. 이제 음지를 즐기면서 살아야 한다. 이것이 자기 그림자와 음지 때문에 힘들어 하는 사람들에게 조금이라도 위안이 되었으면 한다.

여행을 하는 사람들은 풍경을 보고 감탄한다. 그리고 모험을 즐기는 사람은 피상적이며 일시적인 즐거움을 찾는다. 이민 생활은 무전여행으로 떠나는 나그네 같으며 여행보다 더 현실적이며 모험보다 더 피부로 와 닿는 구체적인 삶이다. 누구든지 경험할 수 있고 잘난 사람이든 못난 사람이든 아무 상관없다.

오늘에 안주하거나 내일도 똑같은 오늘이면 얼마나 단조로운가? 하나님께서는 모든 사람들을 위해 땅과 바다를 만드셨다. 하나님께서 창조하신 살아 있는 생명체들은 변화하고 성장한다. 또 하나님께서는 모든 창조하신 것들이 변화되도록 시간을 주셨다. 그 시간이 모아지면 역사가 된다. 그 역사 속에서 하나님께서는 오직 사람들을 위해 그 창조된 것들을 이용하신다. 하나님께서는 역사에 개입하셔서 하나님의 뜻을 나그네 같은 사람들에게 전달하시길 원하신다.

하나님께서는 어쩌면 필자가 이민 올 것을 대비해서 태초에 화산으로 뉴질랜드란 땅을 만들었을지 모른다. 시간이 흐른 후에 영국 사람들을 통해 뉴질랜드란 나라를 세우셨다. 그리고 뉴질랜드의 역사에 개입하셔서 오클랜드란 도시를 만드셨다. 또 사람들의 마음을 움직여 바다 위에 하버 다리를 놓게 하섰다. 그 다리를 통해 글렌필드란 지역이 번성케 하셨다. 마침내 이 땅에 필자의 가족이 정착했다. 뉴질랜드란 땅에 필자의 가족은 음지가 아닌 양지를 만들기 시작하였다. 이질적인 문화와 부딪히면서 하나님께서 주신 이 땅을 개척해 나갔다. 어떤 때는 고통으로, 어떤 때는 기쁨으로, 어떤 때는 고향의 향수를 견디며 살고 있다. 무전여행 속에 나그네 같은 이민의 삶을 즐기고 있다.

이 책은 이민을 부추기는 것이 아니다. 다만 필자의 특수한 IT 비즈니스 경험을 알리고 도움이 되고 싶은 것뿐이다. 많은 종류의 이민자의 사업장을 돌아다니며 얻은 지식을 공유하고 싶다. 이 글은 이민 사업장에서 운영 전반에 관한 컨설팅을 하면서 느꼈던 경험으로 적었다. 자녀 교육 때문에, 개인적인 이유 때문에, 경제적인 이유 때문에 이민의 모험을 감수하는 사람들에게 도움을 주고 싶다. 인생의 변화를 즐기고자 이민을 준비하려는 그런 분들에게 문화적인 충격에서 조금이라도 벗어나게 하고 싶다. 그리고 통장의 잔고가 없는 막막한 상황에서 조금이라도 답을 찾았으면 한다.

그런데 이런 막막함을 풀어 주는 해결책이 오래 전에 나와 있다. 이민 생활의 답답함을 풀려면 꼭 읽어야 될 책이 있다. 바로 성경이다. 성경에는 이민자들의 삶이 적나라하게 드러나 있다. 아브라함도 이민자의 삶을 살았고 야곱도 이민자의 삶을 살았다. 그의 아들 요셉이 먼저 이민 생활로 정착을 했기 때문에 야곱은 생활 터전을 버리고 새로운 이민의 삶을 살아야만 했다.

마찬가지로 현재 얼마나 많은 가족들이 먼저 정착한 가족 때문에 이민을 가는가! 이런 이민의 삶도 어찌 보면 하나님이 이스라엘 민족을 옮김 같이 만드신다. 이민의 지침서 성경에 나오는 인물처럼 나그네 같은 이민자의 삶을 통해 무엇인가를 보여 주신다. 무엇인가 이민의 삶을 통해 현지인들과 후손에게 이루려 하시는 것 같다. 그런 의미에서 이민자들은 현지 문화에 적응해야 한다. 성경처럼 적응해야 한다. 무전여행을 하는 마음으로 현지 사회에 참여하고 현지인들과 어울려야 한다. 하나님의 사람들은 현지 사회에 주류가 되어 잘 먹고 잘살아야 한다. 이런 이민자들은 현지인들에게 하나님의 영광을 보여 준다. 또 이것이 하나님께서 주신 임무이며 이민의 목적이 된다. 결국 이것이 세상에서 마음껏 누리는 나그네적 삶이며 천국의 기쁨이 아닐까 싶다.

한국에 살고 있는 친지에게 전화하여 '고생한다'는 말보다는 '하나님을 믿고 잘 먹고 잘살고 있다'고 이야기하자. 진솔한 삶을 이야기하는 이민자들이 되었으면 한다. 허영이 아니라 실제로 이민의 나그네 같은 삶을 솔직하게 이야기하였으면 한다. 불안한 주변인보다는 주류를 이루는 이민자가 되어야 한다. 그럴려면 다음 세대를 바라보며 이민 문화에 적응하는 방법을 알아야 한다. 사업을 어떤 것을 어떻게 해야 되는지도 알아야 한다. 필자의 특수한 경험이 조금이라도 주류가 되는 이민자들에게 보탬이 되었으면 한다.

당신이 나그네가 되어 살 때 푯대가 있어야 한다. 가끔 이민자들이 방향 감각을 잃고 무엇을 어찌할지 모를 때 꼭 성경책을 읽었으면 한다. 그리고 거기에 나와 있는 말씀에 순종하였으면 한다. 하나님은 순종하는 나그네 같은 삶을 원한다. 무엇을 순종하는가. 당신에게 향하는 하나님의 뜻을 순종하면 된다. 당신이 할 일은 예수님의 푯대로 걸어가야 한다. 그리고 당신은 예수님의 숨결 같은 성령의 이야기로 시편을 만들어야 한다. 또한 예수님께서 살아 계심을 성령을 통해 물처럼 다른 사람에게 흘려보내야 한다. 진정 하나님이 원하는 나그네 같은 자유자가 되어야 한다. 나그네 같은 이민의 삶은 나무처럼 성령의 은혜 속에서 성장하고 열매를 맺는다. 사탄이 주는 물질의 유혹과 투쟁해야 한다. 사탄의 포화 속에서 오직 기도를 드리는 것만이 하나님의 지원을 받을 수 있다. 또한 나그네 같은 이민의 삶 속에서 강과 산과 바다를 보고 성령의 감화를 받아야 한다. 어쩌면 이것이 세상에서 느끼는 천국의 맛이 될 수도 있다.

1부
목진여행 같은 나그네 이민의 삶

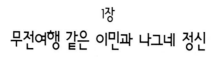

1장
무전여행 같은 이민과 나그네 정신

1. 무전여행 속의 이민

이민자의 삶에는 한국에서는 도저히 생각하기 힘든 스트레스가 있다. 그 것은 바로 신분의 문제다. 누구나 신분의 문제를 안고 이민 생활을 한다. 누구나 영주권을 받기 위해 최선을 다하고 영주권을 받기까지 말 못할 고민을 안고 산다. 그 신분의 스트레스 때문에 온몸으로 압박감을 느끼며 산다. 그러니 건강한 생활이 될 수가 없다. 이민자들은 몸에 좋은 공기를 마신다. 때로는 한국보다 더 몸에 좋은 음식을 먹는다. 그러나 영주권의 스트레스는 영혼을 메마르게 하며 힘든 이민 생활에서 몸과 마음이 지치게 되어 결국 병을 얻는다.

이런 문제를 놓고 이제는 다른 시각으로 생각해야 한다. 이민자들은 모든 것을 하나님께 맡기고 주어진 환경에 최선만 다하면 된다. 하나님이 이스라엘 백성에게 광야 생활 40년을 방황하게 하신 뜻을 생각해야 한다. 물론 직접 당하지 않은 사람들은 모른다. 그것이 얼마나 처절한 문제이며 모든 먹고 사는 문제보다 더 우선이다.

　그러나 이민의 근본적인 목적이 무엇인지 먼저 알아야 한다. 한국에서보다 더 물질적으로 풍요로움을 추구하여 이민을 온 사람은 없다. 돈을 벌려면 외국보다는 한국에 더 많은 기회가 있다. 의사 소통에 전혀 문제가 없기 때문에 재물을 얻을 기회가 많다. 그러나 이민자들은 물질보다는 정신적인 삶을 추구하기 위해 짐을 싸고 비행기를 탄다. 아이들의 교육 문제도 어찌 보면 정신적인 문제이다. 왜 아이들이 아이들답지 못한 생활을 하는가? 아무리 물질이 많아도 교육 환경이 안 좋다고 생각하기 때문에 자식을 위해 많은 사람들은 이민을 생각한다. 이런 정신적인 문제를 해결하기 위해 이민을 왔다. 그런데 오히려 신분의 문제로 정신적인 스트레스를 더 받는다. 이것은 또 하나의 불행이다. 무엇이 우선이고 무엇이 최선인가를 깨달아야 한다. 그렇게 하므로써 신분의 스트레스에서 벗어날 수 있다.

필자가 아는 분의 절친한 친구가 호주에서 뇌종양으로 돌아가셨다고 한다. 그것 때문에 그분은 큰 충격을 받았다. 그분의 친구는 생전에 피검사를 하면 의사도 놀랄 만큼 피가 깨끗하였다고 한다. 그러던 그분의 친구가 뇌종양으로 돌아가신 것을 보고 적잖이 놀라셨다. 그분의 친구는 호주에서 9년 이상이나 불법 체류를 하였다. 그리고 영주권을 받은 지 얼마 안 되어 뇌종양에 걸렸다. 한 마디로 먹고 살 만해지니까 돌아가셨다. 그분 친구의 입장은 충분히 이해한다. 불법 체류를 하다 보면 어딘가 쫓기는 것처럼 산다. 매일 불안한 삶을 영위한다. 매일 스트레스를 받아 그분의 몸은 면역력이 약해지고 결국 암 세포가 들어 왔다. 그분의 우선 순위에서 제일 큰 것은 영주권이었다.

그러나 관점을 바꾸면 무엇이 먼저인가를 알 수 있다. 그것도 아주 쉽게 바꿀 수 있다. 인생의 관점을 단순하게 해야 한다. 하나님의 관점으로 돌아가야 한다. 만약 당신이 하나님이었다면 모든 사람들에게 돈과 원하는 재물을 만족하게 줄 수 있다고 생각하는가? 만약 당신이 하나님이었다면 모든 이민자들에게 영주권과 신분의 문제를 원하는 대로 해 줄 수 있다고 생각하는가? 이민자들이 살아가는데 아무 문제 없이 살게 할 수 있는지 물어 보고 싶다. 하나님께서는 이민자들의 필요 속에서 하나님을 찾기를 바라신다. 하나님의 뜻을 알고 이민을 온 이유를 알아야 한다. 이민자들의 삶을 주신 뜻이 있다.

고국에 있는 사람들은 그들의 뜻에 맞게 살게 되고, 이민자들은 이민자의 삶이 있다. 이런 이유로 이민자들은 하나님의 뜻을 생각하면서 새로운 땅을 여행하는 나그네 같이 이민의 삶을 즐겨야 된다. 이것이 건강에 좋고 인생의 삶 속에서 최선이 될 수 있다.

가끔 사람들은 여행하기 위해 준비를 철저히 한다. 그러나 막상 여행지에 도착해서는 재미없을 때가 있다. 여행을 준비하는 그 순간이 여행지에 도착해서 틀에 짜인 것보다 더 재미있다. 또는 준비되지 않은 여행이 오히려 흥미로울 때가 있다. 무전여행을 한 경험이 기억에 오래 남는다. 패키지 여행보다 무전여행에 대한 소중한 추억을 친구들과 더 나누게 된다. 돈이 없어서 차표가 없어서 스트레스를 받기보다는 돈을 구하는 것이 재미있다. 원래 돈이 없이 차표가 준비되지 않은 여행이기 때문에 정신적인 스트레스가 없고 오히려 문제를 해결하는 그 순간이 행복하게 된다.

이민도 마찬가지다. 하나의 여행이며 여정이다. 차표가 없는 무전여행을 어떻게 가족을 데리고 하느냐 반문할 수도 있다. 그러나 그것마저도 시간이 지나면 행복한 기억이 된다. 영주권이 차표이고 돈이 없는 무전여행이 마치 막막하게 통장의 잔고가 바닥이 나는 이민 생활과 비교가 된다. 무전여행자는 차표가 없다거나 돈이 없다고 고민할 필요가 없다. 원래 무전여행은 가지고 오는 것이 아니라 얻으러 가는 것이기 때문이다. 무전여행은 가지고 가는 여행이 아니라 빈손으로 가서 추억을 얻는다. 경험을 얻고 돈과 친구를 얻어 가면서 여행하는 것이 바로 무전여행이다. 영주권이 없어 막막함을 가지는 이민 생활도 차표가 없는 무전여행을 하는 것이라 생각하면 된다. 그러면 오히려 기분이 더욱 좋아질 수 있다. 왜냐하면 언제가는 얻을 수 있기 때문이다. 또 통장의 잔고가 떨어져 가는 이민 생활도 돈 없이 추억을 얻어 가는 무전여행이라 생각하면 된다. 그것도 가족과 같이 하는 무전여행이라 생

각하면 된다.

　그것보다도 인생 전체가 무전여행이 아닌가 싶다. 사람들은 누구나 아무 것도 가진 것이 없이 태어난다. 모든 인생이 얻어 가면서 산다. 어머니를 얻고 아버지를 얻고 형제를 얻고 친구를 얻고 학교에서 지식을 얻고 직장에서 돈을 얻고 결혼하여 부인을 얻고 자식을 얻는다. 그 다음은 다시 얻은 것을 놓는 과정이 필요하다. 유행가 가사처럼 빈손으로 와서 빈손으로 가는 것이 인생이다. 무전여행을 하면서 돈을 벌었다는 사람은 없다. 돈을 벌려면 무전여행을 하면 안 된다. 돈을 벌려면 오랫동안 한 자리에서 사업을 하고 신용을 쌓아 가야 한다.

　절대로 돈을 벌지 말라는 이야기가 아니다. 돈에 최고의 가치를 두지 말라는 이야기이다. 돈과 명예와 권력을 추구하는 길을 갔던 사람들의 말로가 역사에 많이 나와 있다. 아돌프 히틀러, 보나파르트 나폴레옹 등은 하나같이 돈과 권력의 허상을 좇은 사람들이다. 이민자들에겐 돈과 물질, 명예의 길이 아닌 꼭 걸어 가야 할 길이 있다. 그것은 하나님의 사랑과 인간의 죄를 안고 십자가에 돌아가신 예수 그리스도의 사랑의 길이다.

그런데 현실적으로 이민자들은 어떤가? 돌아갈 곳이 있는가? 한국에서 가져온 돈을 다 써서 다시 한국으로 돌아가려면 돈이 필요하다. 이런 돌아가기 힘든 세상적인 것을 생각하는 것이 아니다. 진정으로 돌아갈 길이 있다. 예수님을 믿는 자들에게만 천국의 길을 알게 하신다. 예수님께서는 보혈로 우리의 죄를 씻어 주시고 천국으로 들어갈 자격을 주셨다. 나그네의 삶이 끝나는 곳에 돌아갈 천국의 소망을 만들어 주셨다. 이민자들은 나그네 소망으로 무전여행을 즐기며 추억을 만드는 길로 간다. 무전여행 같은 나그네 이민

생활은 바로 이런 추억을 얻는다. 예수님을 경험하며 걸어가게 된다. 바로 예수님께서 인도하시는 길의 끝에는 천국이 있다. 나그네 같은 이민자들이 얻는 최후의 소망이어야 한다. 무전여행을 즐기는 이유는 바로 돌아갈 곳이 있어서다. 고생이 끝나면 포근하고 따뜻한 집으로 돌아간다. 이것이 나그네 같은 무전여행의 참 맛이다.

그리고 이런 천국의 맛을 다른 사람에게 전해야 한다. 나그네 같은 이민 생활을 다른 사람에게 권해야 한다. 재미있는 추억을 많이 전해야 한다. 만약 무전여행이 재미가 없다고 생각하여 보자. 정신적인 스트레스가 많아 힘든 여행이라면 다른 사람들에게 권할 수가 없다. 그러나 무전여행이 재미가 넘친다면, 다른 이민자들과 여행객들에게 나그네 같은 무전여행을 추천할 수 있을 것이다. 필자도 제주도로 무전여행을 했었다. 아직도 기억이 남는 것은 밤에 잘 곳이 없어서 제주여객 터미널 처마 밑에서 잠을 잔 일이 있다. 그때 다른 여행객들과 팝콘을 튀겨 가며 재미있게 이야기를 나누었다. 그들은 자전거를 타며 무전여행을 즐기고 있었다. 그들의 경험은 우리에게 색다른 경험과 즐거움이었다.

이렇듯 이민자들은 또 다른 이민자들에게 나그네 같은 소중한 추억을 이야기하고 공유한다. 그러면서 이민자들의 즐거움은 더욱 증가된다. 만약 제주 무전여행 때 돌아갈 집이 없었다면 너무나 서글픈 존재였을 것이다. 끝까지 무전여행을 해야 했다면 힘들고 희망이 없었을 것이다. 그러나 필자에게는 기다리는 가족과 집이 있었다. 그 무전여행이 소중한 추억으로 생각되는 것이 바로 그런 이유이다.

마찬가지로 많은 이민자들은 무전여행을 생각하지 않고 이민을 왔다. 이민은 살 집과 먹고 살아야 하는 힘든 현실이 기다리고 있다. 더구나 통장의 잔고는 점점 더 없어진다. 그 고통은 이루 말할 수 없다. 기대 볼 데가 없는 낯선 땅에서 쓸 돈이 없어지는 것은 마치 생존을 위협받는 것이나 마찬가지이다. 고통 그 자체다. 필자도 마찬가지였다. 어쩌면 지금도 이 숙제를 안고 이민자의 삶을 살아가고 있다. 그런데 생각을 좀더 크게 해 보자. 과연 우리들이 돌아갈 곳은 어디인가? 본향이 어디인가를 생각해야 한다. 한국에서 살때와 여기서 이민자로 살 때 무엇이 다른가. 이민을 왜 왔는가? 관점을 바꾸어 생각해 보자.

그러면 모든 것이 여행하는 것처럼 느껴진다. 어차피 인생은 여행이다. 본향을 향해서 나그네처럼 여행을 한다. 우리에게는 돌아갈 천국이 있고 그 천국에서 아버지 하나님이 우리를 기다리고 계신다. 이것을 느낄 때 이민자의 삶은 무전여행이 된다. 결국 제주도에서 무전여행 하는 것과 같다. 이민자들은 한국에서는 경험하지 못하는 일을 경험하고 있다. 그 경험을 이민자들끼리 공유하면서 서로를 천국으로 안내하고 있다. 집을 가지고 있든, 집을 가지지 않든 이민자들은 옮겨 다닌다. 여러 가지 이유로 자식들의 학교에 따라, 생활의 필요에 따라 사는 장소가 바뀌어진다. 어떤 때는 말이 안 통하는 이웃을 만난다. 가끔 이웃들에게 인사를 하고 인생의 의미를 전해 주며 서로가 존재하는 의미를 얻게 된다. 결국 얻으러 가는 나그네 같은 무전여행자가 된다. 각자 무전여행을 하는 나그네들끼리 인사를 한다. 처마 밑이면 어떠한가! 이민자들의 무전여행기를 서로 듣는다. 그러므로 그들은 동행한다. 몸으로 직접 부딪히고 의사 소통을 제대로 못하지만 한 가지 동일한 것은 그들은 낯선 길을 가는 나그네라는 것이다. 모두 다 본향을 생각하고 그들에게 주어진 이민의 삶을 즐기면서 살아간다.

하나님께서는 이민자들을 무전여행하는 나그네로 보내셨다. 그리고 이민자들을 위해 천국에 집 하나를 준비하셨다. 천국의 집은 파란 바다 위에 아름답게 있다. 무너지지 않게 튼튼하게 만들었을 것이며 아름다운 색깔의 벽돌집일 것이다. 무전여행을 다닐 때 본향 천국의 집이 그립다. 나그네 같은 이민의 삶을 다하고 본향으로 들어갈 때를 생각해 보자. 마치 제주도로 무전여행을 다녀올 때 우리 아버지와 어머니가 기뻐하시며 반기는 것처럼 아버지 하나님께서도 천국에서 나그네들을 반기신다.

이 책의 목표는 많은 이민자들의 고통과 애환을 조금이라도 덜어 주는 데 있다. 무전여행을 하는 나그네와 같이 편안한 마음으로 이민의 삶을 살면 된다. 세상을 쳐다보는 관점과 가치 기준의 우선 순위가 바뀌면 된다. 그렇게 되려면 현실의 무게인 먹고 사는 문제를 해결하고 정복해야 한다. 이 문제를 해결하려면 바라보는 시각을 여러 가지 관점으로 보아야 한다. 그냥 무전여행을 하는 것이 아니라 하나님의 뜻에 맞게 어떤 일을 해야 하는지에 대한 고민이 있어야 한다. 그러면서 이질적인 문화에 대한 거부감을 이겨야 한다. 앞으로는 먹고 사는 문제, 신분의 문제가 최고가 아니라 하나님의 뜻이 최고가 되어야 한다.

언제까지 이국 땅에서 이방인으로 슬퍼하면서 이민자로 살아가야 되는가. 무전여행 하는 나그네가 될 때 이방인이 아닌 주류가 된다. 나그네와 같이 세상을 좀더 편하게 바라보아야 한다. 세상을 이긴 예수님처럼 긍정적이고 적극적인 사고방식으로 모든 주어진 것을 관조하는 마음으로 살아야 한다. 영주권이 없어도, 돈이 없어도, 임대료가 없어도 무전여행 하며 즐기는 마음으로 이민의 삶을 살아야 한다. 그리고 모든 것을 하나님께 맡겨야 한다. 하나님께서 창조하신 이 땅에 보내 주신 것을 감사하면 된다. 이국 땅의 현지 사람들과 새로운 이민 생활에서 얻은 추억은 바로 하나님의 선물이다. 문화적 차이의 당황스런 경험을 다른 사람들에게 당당하게 말하고 신기하고 재미있는 동화처럼 이민의 경험을 소개하였으면 한다. 그리고 어떻게 하면 무전여행 하는 나그네처럼 사는 지도 꼭 가르쳐 주었으면 한다.

2. 나그네 정신

　여행을 하다 보면 많은 곳을 지나친다. 유명한 곳에 가지만 그때뿐인 감동이 있다. 그런데 별 볼일 없는 작은 곳에서 깊은 감동을 느낄 때가 있다. 그냥 지나칠 수도 있는 소박한 것들로부터 많은 것을 깨닫게 된다. 마찬가지로 무전여행을 하는 사람들은 자연에서 느끼는 나그네 정신을 가져야 한다. 유명한 관광지에서만 나그네 정신을 아는 것이 아니라 때로는 뒤뜰의 풀밭에서, 정원의 나무에서 하나님이 주신 나그네 정신을 알 수가 있다. 그 중에서 필자가 지인의 정원에서 얻는 나그네 정신이 있어 소개하고자 한다. 그 정원에서 나무에 걸린 그네를 보고 아주 재미있는 상상을 해 봤다.

　옆 장의 사진처럼 나무에 걸린 그네를 타 본 경험은 누구든지 있었을 것이다. 자세히 보면 튼튼한 나뭇가지에 줄을 매달아 판자를 연결하고 있다. 그 줄에 판자를 매달아 놓고 앉으면 그네가 된다. 만약 좀더 큰 나무면 줄이 길어져 왕복하는 길이가 더 커진다. 그러면 앞으로 나가는 폭이 커져 좀

더 재미있고 흥미롭다. 나뭇가지가 옆으로 뻗어야 줄을 맬 수 있다. 만약 그런 나뭇가지가 없으면 그네를 만들 수가 없다. 결국 아무 나무로는 그네를 만들지 못한다.

하나님께서 주신 나그네 같은 인생도 같은 이치이다. 줄을 매달은 나무는 하나님이며 그 옆으로 뻗은 가지는 예수님이다. 피조물은 창조주께 많은 영광을 돌려야 한다. 영광의 크기에 따라 나무의 크기가 결정된다. 원래 하나님은 상상 이상으로 크고 영광스런 분이시다. 사람들은 자신의 생각에 한정을 두고 하나님의 능력과 크기를 제한한다. 그래서 많은 그리스도인들이 삶과 예배를 통해 하나님께 영광을 올린다. 그때 영광을 받은 하나님의 거대한 나무는 나그네들에게 더 긴 줄을 매달게 하며 더 멀리 갈 수 있는 자유를 주신다. 옆으로 뻗은 예수님의 가지도 좀더 높고 편하게 줄을 매달게 한다. 나그네로 살아가는 사람들은 예수님의 가지에 의지한다. 예수님에 대한 믿음을 가지고 평화로운 마음으로 세상을 즐기면서 산다. 이것이 나그네 정신이 아닌가 싶다.

그런데 어떤 사람들은 튼튼하지 않은 나무에 줄을 매달며 산다. 나무가 쓰러지면 그 줄은 무너진다. 불안한 그네는 즐길 수가 없으며 언제 나무가 부러질 지 모르는 불안한 마음 때문에 그네를 타지도 못한다. 이것은 영원하신 하나님의 나무에 그네 줄을 매달지 못하는 것을 비유한다. 마치 돈과 명예, 권력의 나무에 달려 있는 유한한 가지에 줄을 매달은 것이며, 결국 썩어지면 없어지는 나무에 매달려 그네를 타는 꼴과 비슷하다. 돈의 가지에 줄을 매달면 불안한 마음으로 그네를 타는 불안한 인생을 살게 된다. 인간의 욕심, 욕정의 가지에 매달린 그네도 마찬가지다. 마치 나뭇가지가 약해서 언제 부러질 지 모르는 불안한 인생을 마감한다. 이런 사람들은 하나님을 모르고 인생을 산다. 그들이 추구하는 세상은 하루 아침에 없어진다. 그네를 타고 왔다 갔다 하면서 하나님께서 주신 세상을 즐기지 못하고 그 불안함에 죽어간다.

그런데 아주 튼튼한 하나님의 나무와 가지에 걸려 있는데도 줄이 약해 불안한 그네가 있다. 그것은 하나님에 대한 믿음이 약해서이다. 결국 하나님께서 주신 인생을 불안해하는 모습은 하나님을 모르는 사람과 똑같다. 하나님께서는 만물을 창조하시면서 모든 인간이 삶을 즐기기를 바라셨다. 우리가 반신반의 하는 믿음의 줄 때문에 언제 떨어질 지 모르고 불안할 때 하나님은 안타까워하신다. 많은 그리스도인들이 이런 약한 믿음의 줄에 매달려 산다. 하나님의 나무와 예수님의 가지는 영원히 부러지지 않는다. 나무와 가지는 튼튼한데 그것을 지탱하는 줄이 약해서 불안해 하고 있다. 세상을 왔다 갔다 하면서 나그네처럼 즐겨야 되는데 불안한 줄 때문에 행복을 모른다. 우리는 하나님께서 인간을 위해 세상을 창조하신 것을 알아야 한다. 세상을 위해 인간을 창조한 것이 아니다. 하나님은 이 끝 세상에서 저 끝 세상의 창조된 것을 보여 주길 원하신다. 하나님께서 만든 모든 우주 만물을 만나러 하늘로 날아야 되지 않겠는가. 하나님이 만드신 것을 만지고 느끼고 부딪히면서 진정한 나그네가 되어야 한다. 많은 이민자들이 믿음의 줄이 약해 불안해한다. 그렇게 되면 하나님께서 만드신 땅을 정복해야 되는데 모험 정신이 없어 개척하지 못하게 된다. 이 때 하나님은 안타깝게 생각하신다.

믿음과 사랑으로 예수님의 높은 가지에 우리의 꿈과 비전의 그네를 길게 매달아야 한다. 당연히 튼튼하고 높은 가지는 줄이 길어지고 그네가 나아가는 길이가 더욱 커진다. 하나님께서 주신 성령의 힘으로 크게 도움닫기를 하면서 이 세상 끝에서 저 세상 끝으로 길게 멀리 왔다 갔다 개척하며 나그네로 살아야 한다. 어떤 시련이 와도 모험과 개척 정신으로 즐기고 기뻐하며 감사해야 한다.

어쩌면 이 비유는 나그네들에게 적합한 것 같다. '나무에 걸린 그네'를 세 자로 줄이면 '나그네'란 말이 된다. 나그네 같은 이민 생활에서 불안해할 때 항상 생각나게 하려는 뜻에서 지어냈다. 누구든지 앞의 사진처럼 나그네 정신을 나타내는 그림이 되었으면 한다. 이 나그네 정신으로 자유자가 되어 이 세상 저 세상을 왔다 갔다 살면 된다. 타국만리 하나님께서 주신 땅과 산과 바다를 정복하면서 무전여행 같은 이민의 삶을 살아야 한다. 그것만이 우리의 삶에 예수님을 나타내게 하고 나그네 정신을 이어갈 수 있다.

3. 나그네가 느낀 성령의 물

나그네는 어떻게 하나님의 나무와 예수님의 가지에 줄을 매달아 그네를 타고 왔다 갔다 하는지 알 수 없다. 어떻게 힘든 이민 생활에서 평화가 있는 천국을 경험하게 되는 지 알 수 없다. 한 가지 분명한 사실은 성령 하나님이 존재하기 때문에 가능하다. 성령 하나님의 원리를 성경 속에서 알아야 한다. 나그네 정신을 가진 이민자들은 성경 속의 원리를 자연 속에서도 적용해야 한다. 나그네 같은 이민 생활의 여정 속에 지나치는 나무, 호수, 시냇가에서 성령 하나님을 알 수 있다. 바쁜 일상의 생활에서는 보이지 않는 것이 나그네 같은 이민여행을 떠나면 그곳의 자연에서 볼 수 있다.

필자도 뉴질랜드 타우포 호수(Taupo lake)와 연결된 강물을 보고 하나님의 성품을 느꼈다. 너무나 깨끗하고 맑았다. 타우포 호수는 바다 같은 호수이다. 워낙 큰 호수라 파도도 있다. 마찬가지로 이 호수와 연결된 후카(Huka) 강물도 맑고 깨끗하였다. 초록빛 강물이 너무나 아름답다. 이것은 하나님의 성령과 연결되어 하나님과 같은 성품을 받는다면 우리 같은 인간도 같은 성격을 갖게 되는 것을 의미한다.

아이들이 그림을 그리면 그 그림에 아이들의 성격이 드러난다고 한다. 우울한 아이는 그림이 어두워 보이고 명랑한 아이는 그림이 밝아 보인다고 한다. 이것으로 아이들의 심리를 알아 심리 치료를 하는 방법도 있다고 한다. 하나님의 형상을 닮은 사람도 이러한데 위대하신 하나님은 어떠하실까.

마찬가지로 하나님께서도 모든 자연을 만드셨다. 자연에는 하나님의 성격이 나타나 있다. 하나님은 영이시다. 하나님의 영이 우리에게 온 것이 성령 하나님이다. 나무, 물, 바다, 불, 계절, 구름, 바람, 해, 달, 모든 자연이 하나님의 솜씨이며 거기에는 하나님의 성격이 숨어 있다. 성령 하나님의 성격은 결국 자연의 원리와 같다고 보면 된다. 하나님의 성격을 나그네같은 이민자들은 유추해야 한다. 자연은 하나님의 관점을 이해하도록 우리에게 주신 선물이며 지혜의 산물이다. 이것이 나그네 정신을 가지는 이민자들에게 필요하다.

그 자연에서 성령 하나님의 성격을 나타내는 기본은 물이다. 신약의 바리새인들은 예수님을 보고 사람이 어찌 죄를 사할 수 있는지에 대해 물었다. 우리가 자연의 법칙을 이해하면 예수님께서 말씀하신 뜻을 이해할 수 있다.

먼저 타우포 호수를 생각해 보면 멈추어진 것 같지만 그 호수는 흐르고 있다. 그렇기 때문에 타우포 호수는 항상 맑고 깨끗하고 썩지 않는다. 물로 모든 것을 생각할 수는 없지만 물을 관찰해 보면 흐르는 것은 썩지 않는다. 위에서 아래로 흐르는 것이 물의 원리이다. 빗물이 시냇물이 되고 시냇물이 모여 강물이 되고 강물이 모여 호수가 되고 바다가 되는 이치가 하나님의 영광을 나타내는 교회의 모습이라는 것을 알아야 한다. 위의 사진은 타우포 호수에서 연결된 물줄기가 후카 강물이 되는 모습이다.

사람도 마찬가지이다. 사람이 자기 자신을 위해 욕심을 부리고 자기 자신

을 위해 무엇인가 선행을 한다면 그것은 물이 안에 고여 있는 것이나 마찬가지이다. 누군가를 위해 영혼의 아픔을 겪고 누군가를 위해 영혼의 숨결을 보내야 한다. 나그네 같은 이민자들은 황폐한 땅에 보내진 빗물이 되어야 한다. 이 빗물이 그 땅을 적시고 시냇물이 되어 성령이 충만한 땅으로 바꿀 수 있다. 그리고 이것이 거센 강물이 되어 교회를 세우고 그 땅을 하나님께서 주신 가나안으로 만들어야 한다. 언젠가는 모든 민족의 교회가 모이는 바다가 될 수 있으며 교회의 세찬 강물이 세상을 이길 수 있다.

필자는 조국 대한민국이 선교사 파견을 전 세계에서 두 번째로 많이 한다는 사실에 정말 기뻤다. 하나님이 약하고 핍박받은 민족을 단련시키셔서 일으키시는 것이 보인다. 나그네 같은 이민자들도 여기에 참여하면 된다. 굳이 선교를 안 해도 상관없다. 하나님의 나라를 확장하는 역할이 중요하다. 이민자들은 거센 강물에 모인 작은 빗방울이 되어 성령의 역사에 참여할 수 있다.

나그네를 통해 하나님께서는 세상에 보이신다. 그리스도인이 가는 곳은 어디든지 선교의 현장이다. 무엇을 하든 상관없다. 시냇물이 말없이 흐르는 것처럼 나그네 같은 이민자도 말없이 하나님께서 정하신 길로 흘러가기만 하면 된다. 때로는 막혀 있는 장애물이 생길 수도 있다. 이 때 성령의 물은 장애물을 비키어 좁아진 길로 흘러가면 된다.

이민 생활도 때로는 언어의 장벽 때문에 힘들 때가 있다. 좁은 길로 가면 된다. 말이 안 되면 어떤가? 안 되는 몸짓으로 현지인들에게 하나님의 영광을 보이면 되는 것이며, 그 소통은 하나님이 알아서 해결하신다. 나그네 같은 이민자들은 다른 이방인의 삶에 조금이라도 하나님의 영광을 보여 주고 영향을 줄 것이다. 만나서 이야기하고 서로를 위로하며 어려운 사람을 도와 준다면 당신 안에 있는 성령 하나님께서는 기뻐하신다.

그런데 이런 자연의 원리를 모르고 살아가는 이민자들이 많이 있는 것 같다. 물이 흐르지 않으면 썩는 이치를 사람들은 잘 모른다. 생수의 근원이 되

시는 하나님을 버리고 물을 저장하지 못할 썩은 웅덩이를 파고 있었다.(예레미야 2:12-13)

예레미야 선지자는 성령이 생수라고 말하였다. 우리는 생수를 마시고 생수를 저장하며 그 생수를 다른 데로 흘려보내야 한다. 생수는 시간이 지나면 썩는다.

한곳에 오래 있는 물을 필자는 뉴질랜드의 로토루아(Rotorua)에서 보았다. 온천물이 고여 있는 것이었다. 지독한 유황 냄새가 나는 곳이지만 이것 때문에 악취를 느끼지 못하는 것 같다. 어쩌면 유황 때문에 물이 자정 작용을 할 수도 있다. 그러나 필자가 보기엔 물이 웅덩이에 고여 있었다.

마찬가지로 예수님이 오셨을 때 서기관들과 바리새인들은 오직 그들만을 위해 살았다. 그들의 권력과 재물을 위해 기도하였다. 사람들의 존경을 받기 위해 가식과 거짓으로 기도하고 하나님의 말씀을 자기들의 권위를 내세우는 도구로 변질시켰다. 그 사람들에게 성령의 힘으로 예수님께서는 단호히 말씀하신다. '독사의 새끼들'이라 하신다. 그들의 잔과 대접은 겉으로 깨끗하지만 안에 있는 성령의 물은 남한테 주지 않고 자기만의 탐욕과 방탕으로 가득하게 하니 썩어 갔다. 썩은 냄새를 장식이 달려 있는 옷과 권위적인 모습으로 막고 있지만 하나님께서만은 그 썩어 가는 악취를 아셨다.

잔을 비우고 새로운 성령을 받고 들어오는 대로 남을 위해 이웃을 위해 성령을 써야 한다. 그리하면 안이 깨끗해지면서 마찬가지로 겉도 깨끗해진다. 이것이 성령이다. 이것이 하나님께서 주신 성령의 모델을 우리에게 예를 들게 하셨다. 우리 모두가 바리새인이요 서기관이 될 수도 있다.

예수님께서 돌아가시면서 모델을 주셨다. 말로써 지혜로써 가르치는 것이 아니라 우리를 완전히 죄에서 구원하게 하시고 십자가에 돌아가셨다. 인간의 마음에 기준을 삼게 하시려고 하나님께서는 당신 자신이 인간이 되면서 기준이 되셨다. 이런 성령 하나님을 받으면 다른 사람들에게 기준이 되게 하기 위해 흘려보내야 한다. 반드시 흘려보내야 한다. 자기 자신의 구원에만 만족하면 물이 썩는 것처럼 자신의 영혼이 힘들어진다. 나그네 같은 이민을 사는 사람들은 이미 성령을 흘려보낼 곳에 있다. 하나님은 선택된 사람들을 본토에서 떠나게 한다는 것을 알아야 한다. 그런 의미에서 나그네 같은 이민자들은 하나님의 선택에서 의해 성령을 흘려보내기 위해 부름을 받은 것이다.

어쩌면 세례를 받는 것도 성령의 물줄기를 머리 정수리에 집어넣는 과정이다. 거대한 성령의 물을 받고 난 후에 호수가 잔잔하듯 천국의 맛과 평안을 느낄 수 있다. 그리고 천국의 호수가 썩지 않게 성령을 내보내야 한다. 성경은 어떻게 성령의 물줄기를 만드는가에 대해 기록하고 있다. 성령은 아버지에게서 아들로 아들에서 손자들로 흘러가듯이 전해진다. 하나님의 사람들은 대를 이어 나가야 한다. 그런 의미에서 나그네 같은 이민자들을 다음 세대로 성령을 흘려보내야 한다. 이민 2세대가 1세대와 단절되는 경우가 많이 있는데 언어적인 것과 문화적인 차이가 단절을 시키고 있다. 성령 하나님의 흐름을 막아서는 안 된다. 아이들을 교회에 출석시키고 하나님의 말씀을 매일 읽게 해야 한다. 언어가 문제라면 영어로 성경을 읽고 부모와 같이 예배를 드려야 한다. 지금 세대는 영적 전쟁의 세대다. 사탄이 언제 우리의 다음 세대를 잡아갈 지 모르니 영적으로 무장을 시켜야 한다. 성경에는 많은 선지자들이 있지만 그들의 아들들이 하나님의 은혜를 저버리는 경우가 있다. 이것은 선지자 본인이 자기의 성령을 흘려보내지 않은 결과일 수도 있다.

성경은 말한다. 성령이 다른 사람에게 꼭 흘러가야 한다. 사람에게서 나온 것은 모두 다 사람들의 욕심으로 이루어졌지만 성령은 그렇지 않다. 성령은 모두 다 은혜로 이루어지기 때문에 성령의 은사는 가난하든 부자이든 다 은혜로 받는다. 물은 위에서 아래로 흐른다. 마찬가지로 성령의 은혜는 위에서 아래로 흐른다. 하나님께서 살아 계신 독생자 아들 예수님을 통해 성령을 주시고 먼 타국에서 빗물이 된 나그네 같은 이민자들에게 성령을 주셨다.

4. 나그네가 느낀 성령의 열매

필자는 가끔 가족들과 함께 오클랜드(Auckland)의 작은 해변가 중의 하나인 캐스터 베이(Castor Bay)에 간다. 작은 놀이터도 있고 바다가 바로 잔디에서 보이는 아담한 해변이다. 거기에는 나무 한 그루가 있다. 그 나무 밑 잔디에 누워 가끔 하늘을 본다. 햇빛에 빛나는 나뭇가지가 너무나 아름다웠다. 바닷바람에 가지가 흔들리는 모습이 마치 성령 하나님이 나무를 감싸고 있는 것 같았다.

나그네 같은 이민자들에게 또 하나의 중요한 비유는 성령은 나무와 밭과 같다는 진리이다. 성령은 나무처럼 하나의 씨앗을 통해 성장하고 열매를 맺는다. 가난한 사람이 부유하고 부자가 가난해지는 것이 성령의 열매이다. 간단한 원리이다. 마음이 가난한 자는 그 마음에 하나님이 채워지므로 부자가 되고 물질이 부자인 자는 그 마음에 욕심이 있어 하나님께서 채워 주시지 못하니 가난해진다. 성령은 나무에게 열매를 맺게 한다. 그 모든 열매는 바로 인생의 법칙에서 제일 중요한 결과를 보여 주어야 한다. 공의의 하나님께서는 농부이시다. 열매가 얼마나 열려 있는 지가 농부의 입장에서 볼 때 제일 중요하다. 성경 말씀은 성령을 씨앗과 땅으로 비유한다. 길가에 뿌려진 씨앗, 돌 위에 뿌려진 씨앗, 뿌리가 뻗지 못하는 땅, 무성한 풀이 있는 땅 등 땅의 종류는 너무나 많이 있다.

이것들은 나그네가 가지고 있는 영혼의 밭이다. 영혼의 밭은 참으로 많은 종류가 있다. 나그네 같은 이민자들이 어떤 종류의 밭인지는 말씀의 씨앗이 들어왔을 때 결정된다. 옥토는 처음부터 옥토가 되는 것이 아니다. 돌밭이 옥토가 될 수 있고, 옥토가 잡초가 무성한 밭으로 바뀔 수 있다. 이것은 영혼의 밭을 가꾸는 나그네 같은 인생이 자신의 욕심을 버리고 얼마나 정성스럽게 가꾸는 가에 달려 있다. 그 밭이 옥토로 변하기 위해서는 인내가 필요하다. 밭은 몇 년이고 거름이 땅에 스며들어 땅을 비옥하게 만들어야 한다. 무엇인가 희생하는 것이 있어야 밭이 변한다. 희생의 거름이 있어야 한다. 자기 인생을 위해서만 산다면 그것은 희생이 아니다. 진정 하나님을 위해 하나님의 영광을 위해 자기를 희생할 때 각자의 밭은 거름이 되고 영혼이 기름져진다. 그 밭에 씨앗이 심겨질 때 뿌리가 깊어지고 나무가 무성하게 성장한다.

나무든 기업이든 사람이든 동물이든 모든 움직이거나 움직이지 않는 것들 즉 하나님께서 직접 만드신 모든 생명의 객체들에게는 성장이 있다. 하물며 예수님께서 나그네 같은 이민자들에게 주신 성령도 성장하는 것은 당연하다. 인간의 성장은 육체적으로 많은 음식이 필요하고 그것을 소화하여 영양분이 몸의 각 부분에 공급되어야만 가능하다. 성령의 성장은 나무가 뿌리에서 올라온 영양분의 공급원이 있듯이 성령도 뿌리에서 올라온 영적 영양분이 있어야 한다. 무엇인가를 성장시키는 영적 영양분은 하나님의 말씀으로 이루어진다.

나그네 같은 이민자들이 매일 하나님의 말씀을 듣고 기도를 드릴 때 하나님께서 주신 영양분에 따라 성장이 가능하다. 그런데 나무가 성장하려면 또 하나의 외적인 요소가 필요하다. 수분을 뿌리에서 빨아들여야 한다는 것이다. 아무리 옥토를 가꾼들 물이 들어오지 않는 메마른 땅에서는 나무가 자랄 수 없다. 비가 오지 않으면 나무는 말라 간다. 물은 나그네 같은 사람들이 직접 만들 수 없다. 구약의 요셉이 시냇가에 심어진 나무로 묘사된 것은 하나님께서 주신 은혜로 이루어진 것을 알 수 있다. 하나님께서 주신 성령의 은혜, 즉 성령으로 성장할 수 있는 물을 주시지 않으면 성령은 성장하지 못한다. 그러기 위해서는 나그네 같은 이민자들은 무단히 기도를 드려야 한다. 그리고 비를 기다리듯 하나님의 은혜를 기다려야 한다.

성령이 오직 성장만을 지향한다면 문제가 있다. 성장에는 항상 열매가 있게 마련이다. 포도 나무를 비유한 예수님의 말씀처럼 포도 열매를 맺지 못하는 가지는 없애야 한다. 그래야 전체적으로 포도를 많이 생산할 수 있다. 포도가 열리지 않는 가지는 잘라지고 불에 사라질 운명이 된다.

자연은 말한다. 그 열매를 위해 영양분을 섭취하는 나무처럼 살아야 한다. 나그네 같은 이민의 경험을 통해 하나님을 알아가는 과정과 같다. 그리고 이웃에게 하나님의 영광을 보이는 것이 그 분이 바라고 원하는 열매라는 것을 잊어서는 안 된다. 하나님은 절대로 교만한 것을 원하지 않는다. 그 은혜로 시냇가에 심은 나무처럼 성장의 은혜를 주신다. 그리고 비를 내려 주신다. 다른 사람에게 은혜를 전하라고 은혜를 주시는데 우리는 정작 전하지 못하니 열매를 맺지 못한다. 나에게 필요한 영양분을 열매를 맺기 위해 써야 한다. 올라온 영양분을 다른 사람에게 주어 새로운 씨를 만들어야 한다. 이것이 성령의 원리이다.

5. 나그네가 느끼는 성령님의 계절

나그네 같은 이민 생활에서 성령님은 계절과 같다. 어떤 때는 겨울과 같이 힘든 날이 오고 기도가 안 되며 어떤 때는 열정으로 땀을 내면서 성령이 말씀하신다. 그리고 봄처럼 희망을 주실 때도 있다. 성령님을 바로 알기 위해 그분의 말씀을 들어야 한다. 사람은 언제나 많은 것을 원하고 완벽한 것을 원한다. 겨울의 추위는 씨앗이 준비되는 기간인 것처럼 성령님도 어떤 때는 씨앗을 준비하는 것처럼 마음의 준비 시간을 갖게 하신다.

나그네 같은 이민 생활에서 기도가 안 되고 생활이 힘들 때는 훈련하고 준비하는 시간이라 생각하면 된다. 하나님께서는 자연의 순환 구조로 계절을 만드셨다. 봄이 오면 여름을 준비하고 여름은 또 가을을 준비하고 가을은 또 겨울을 준비한다. 나그네 같은 이민 생활은 천국을 위한 준비의 시간이며 단련의 시간이 될 수도 있다.

하나님! 감사합니다.

무엇이 우리를 이끌게하는지 저희는 알겠습니다.

성령의 계절이 저희들에게 많은 것을 배우게 합니다.

성령의 봄은 저희들에게 씨앗을 주었습니다.

한낮의 뜨거운 햇살을 피해 아침 일찍 농부가 밭에 나가 씨를 뿌리듯

하나님께서는 태곳적부터 준비하신

저희들 씨를 밭에 뿌리시고 성령의 봄이 오길 기다리셨습니다.

새싹은 힘겨운 움 돋음으로 올라오고 껍질을 깨는 아픔을 주셨습니다.

어떤 새싹은 바람에 날리고 어떤 새싹은 새가 날아와 먹고

어떤 새싹은 한낮의 해에 말라 버림을 저희는 봅니다.

그러나 당신은 저희에게 은혜를 주사 뿌리를 내리게 하시고

단비를 밭에 뿌리셨습니다.

행여나 새가 날아들까봐 하나님은 우리를 감찰하시고

주님의 십자가와 부활에 대한 사랑으로 우리를 다시 태어나게 하셨습니다.

밭에 아지랑이가 피어나고 우리의 힘은 당신의 향기로 점점 가지를 뻗고

산들산들 하나님의 이름을 알게 하는 바람이 우리 가지를 지나치게 하셨습니다.

성령의 여름은 우리에게 성장을 주셨습니다.

매일 우리의 가지에 잎이 나고 뿌리에서 올라오는

당신의 수분을 우리의 영에 양분으로 삼아

우린 신작로의 미루나무처럼 커다란 나무로 자랍니다.

무더운 한낮의 더위도 소나기로 우리를 식혀 주시고 외롭지 않게

밤에는 풀벌레들이 하나님을 위해 합창하는 것을 듣게 해 주심을 우리는 압니다.

선선한 여름 밤 우리는 저 하늘의 별들과 대화를 나누고

기도의 시간도 주시고 휴식을 할 수 있음에 감사 드립니다.

열정의 대낮이 오면서 우리는 무척 커짐을 압니다.

그리고 당신을 닮아 가는 것에 너무 감사할 뿐입니다.

성령의 가을은 우리에게 열매를 줍니다.

천국의 소망으로 우리에게 평안함을 주시고

우리의 긴 이민의 여정에 아름다운 노을을 주시고

아름다운 과실이 익게 하시며

우리에서 수확하는 기쁨을 줍니다.

하나님의 열매는 순결하며 정결하며

우리의 삶에 평안을 주십니다.

가난하거나 부자이거나 여자이거나 남자이거나 다를 바가 없습니다.

우린 수확되는 삶을 살고 있습니다.

예수님께서 가을에 수확하시는 곡식을 비유하신 것 같이

우리의 삶에도 수확하는 가을이 있습니다.

그 성령으로 맺어진 과실을 우리가 만들어야 합니다.

성령의 겨울은 우리에게 시험을 줍니다.

우리의 인생에도 가라지 같은 것들이 존재합니다.

우리의 존재를 가라지 같이 아니 하시니 감사합니다.

만물의 마지막에 당신은 구름을 타고 오실 것입니다.

우리는 신랑을 기다리는 신부인 양 당신을 기다릴 것입니다.

그 겨울 동안 우리는 기도하겠습니다.

그리고 서로 사랑하겠습니다.

하나님, 저를 양지 바른 언덕에서 당신을 찾는 사람들을 사랑하게 하소서.

그리고 그 사람들이 하나님을 알 수 있도록 당신의 사랑을 채워 주소서.

누군가에게 사랑을 이야기하려면 하나님이 주신 것 같이 이야기하고 누군가에게 사랑을 실천하려면 하나님이 공급하심 같이 하겠습니다.

성령의 겨울은 마무리의 계절입니다.

그 추수가 예수님에게 영광이 돌아갈 수 있도록 하겠습니다.

영광을 받으시고 권능을 세세에 무궁하게 전하는

새로운 씨앗이 되겠습니다.

다음 천국에서 말입니다.

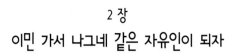

2 장
이민 가서 나그네 같은 자유인이 되자

1. 하나님의 뜻을 생각하자

우리가 어떤 일을 하든 세상에는 결과가 있다. 실패를 경험할 수도 있다. 실패하는 사람이 성공하는 사람보다 많다. 같은 언어를 쓰는 한국에서도 실패하는 사람이 많은데 다른 언어를 쓰는 환경에서 사업을 성공하기란 더 힘들다. 그러나 결과가 어떠하든 결코 포기해서는 안 된다. 일을 포기하지 말라는 것이 아니라 당신의 마음을 포기해서는 안 된다는 뜻이다. 하나님께서 주신 당신의 마음과 뜻을 포기하지 말라고 하신다. 승리하려면 끝까지 포기하지 않으면 된다. 하나님에 대한 믿음을 죽을 때까지 저버리지 않는 것이 바로 승리이다. 하나님은 오직 그것만 바라신다. 힘든 이민 생활에서도 하나님께 대한 믿음을 끝까지 가지는 것이 승리이다. 세상에서 결과가 절대로 중요한 것이 아니며 그 결과는 얼마 가지 못한다. 솔로몬 왕은 한줄기 풀꽃보다도 못한 인생을 살았다고 자조하였다. 그 많은 부인과 금은, 보석, 재산, 군사력, 명예와 지혜를 가진 솔로몬도 죽을 때 '헛되고 헛되니 헛되도다' 라고 탄식하지 않았던가.

그렇다고 결과가 그러하니 노력을 하지 말라는 것이 아니다. 돈, 권력, 명예를 인생의 우선 순위로 생각하지 말라는 것이다. 만약 당신이 열심히 일해서 악착같이 돈을 모았다고 해 보자. 그런데 그 돈을 불법으로 돈을 모았다면 어느 날 당신의 돈은 마치 모래알처럼 없어질 수 있다. 또는 많은 사람들의 원성 속에 스트레스를 받아가면서 돈을 모았다면 결국 건강이 안 좋아져 병들어 죽을 때 솔로몬처럼 말할 수 있다.

"헛되고 헛되니 헛되도다."

삶에는 과정이 중요하다. 어떻게 생각하고 어떤 관점으로 이민 생활을 하느냐가 더 중요하다. 세상을 초월하라는 것이 아니다. 무엇이 먼저이고 무엇이 중요한지를 알아야 한다. 당신이 생각하는 삶의 우선 순위를 바꾸어야 한다. 왜 이민 왔는지를 진지하게 따져 보아야 한다. 돈에 중점을 두고 이민 왔는가? 아니면 명예에 중점을 두고 왔는가? 아이들에게 중점을 두고 이민 왔는가? 어디에 기준을 두고 왔는지를 잘 생각해 봐야 한다. 대부분의 사람들은 아이들을 생각하여 이민을 왔다. 그런데 과연 그것이 당신의 우선순위에서 맞는지, 아니면 하나님의 뜻에 맞는지 묻고 싶다. 당신이 생각하는 중요한 가치를 다시 한 번 재정립해야만 하나님의 뜻을 알고 이민의 진정한 이유를 알 수 있다.

이 대답은 성경에 나온 이스라엘의 이민 역사를 보면 알 수 있다. 이스라엘 민족은 이민의 역사라고 해도 과언이 아니다. 하나님의 꿈을 가진 야곱의 아들 요셉은 결국 애굽의 총리가 되었다. 그리고 하나님의 뜻으로 7년의 흉년을 준비하였다. 야곱의 식구들은 요셉의 초청으로 애굽으로 이민을 갔지만 결국 하나님의 뜻이 있었다. 흉년 때문에 먹을 것이 없어지자 애굽으로 이민을 갔다. 먹을 것에 대한 필요 자체가 이민을 가게 하였다.

그런데 사백 년 동안 야곱의 후손들은 고통 속에서 이민 생활을 하였다. 거의 노예나 마찬가지였다. 그런데 모세가 애굽에서 출애굽을 통해 다시 역이민을 떠났다. 그리고 이스라엘 민족은 40년을 광야에서 지냈다. 하나님께서 왜 그들에게 40년 동안 광야에서 보내게 했는지 나그네 같은 이민자들은 알아야 한다. 그들은 가나안의 이민이 생활을 윤택하고 행복하게 할 것이라 믿고 이민을 생각했다. 그러한 생각을 갖고 이민을 떠나니 광야 생활 동안 계속 불평을 할 수밖에 없었다. 때로는 우상까지 섬기고 때로는 다시 애굽으로 돌아가자고 모세에게 말하였다.

하나님의 뜻은 신분의 탈출, 즉 종에서 자유를 느끼게 하기 위해서 이민을 떠나게 한 것인데 그들은 하나님의 뜻을 알지 못했다. 이스라엘 민족이 애굽에서 홍해를 건너 탈출하게 한 이유는 이런 하나님의 섭리와 뜻이 작용하였다. 그런데 그들은 시간이 지나면서 이러한 하나님의 뜻을 잊어 버렸다. 종의 신분에서 자유 신분을 주신 하나님의 뜻을 망각하고 의식주에 대해 종의 신분으로 있을 때가 좋았다고 불평을 하였다. 그들의 신분이 종에서 풀려진 자유인이란 것을 잊은 채 다시 종 같은 생각으로 모든 것을 불평하고 자유인의 기쁨을 잃어 버렸다. 불평을 했던 대부분의 사람들은 이민 목적지인 가나안 땅을 밟지도 못하고 죽었다. 단지 두 사람을 뺀 나머지는 모두 하나님께서 주신 이민의 뜻을 몰라 광야에서 죽었다. 그들의 후손들은 가나안 땅에 정착하여도 하나님의 백성인 것을 그 땅에 나타냈어야 했는데 사악한 이방인의 신을 섬기며 하나님의 백성임을 망각하고 살았다. 그들은 하나님을 의지하고 살아가는 진정한 나그네적 삶을 살지 못하였다. 결국 하나님의 뜻을 저버린 이민 다음 세대 이스라엘 백성들은 분열된 왕국으로 철저하게 하나님의 벌을 받아 망하게 되었다. 이렇듯 구약의 역사는 자유인이 되려는 나그네 같은 이민의 역사이다.

하나님께서는 우리가 성경을 읽고 하나님의 뜻을 깨닫기를 원하신다. 마찬가지로 지금의 이민 생활도 하나님의 뜻이 있다. 이민 생활을 하면서 좋은 의식주를 추구할 수 있지만 성경처럼 당신이 이민을 온 진정한 이유가 따로 있다. 그것은 바로 자유인이 되는 것이다. 자유인은 누구인가? 무전여행을 하는 사람이다. 돈이 없어도 기존의 관습을 깨고 여행을 하면서 세상의 가치관에 흔들리지 않고 하나님의 뜻을 알아 자유를 누리는 사람들이다. 자유인은 기존의 관습과 틀에서 벗어나 새로운 것을 추구하는 사람을 말한다. 기존의 사상과 교육, 문화, 사회를 멀리서 바라보고 자기가 그런 세상에 속박된 종이었다는 것을 깨달을 때 진정한 자유인이 될 수 있다. 당신이 이민 생활을 무전여행하듯 할 때 나그네 같은 자유인이 된다. 나그네 정신은 바로 자유인이되기 위한 정신이다. 진정한 자유인이 되기 위해서는 기존의 사회, 문화, 교육의 틀에서 벗어나고 가지고 있던 모든 것을 버려야 한다. 그리고 새롭게 하나님의 나무와 예수님의 가지에 줄을 길게 매달아 그네를 타고 이 세상에서 저세상으로 여행하듯 이민 생활을 해야 한다.

이민 가려고 생각하는 사람들은 자유인이 되려는 첫 단계 속에 있다. 그때 당신의 생각 속에 있는 문화나 관습이 당신에게 거부 반응이 일어나게 한다. 그것은 하나님께서 당신의 인생을 하나님의 뜻에 맞게 바꾸시려는 시도이다. 물론 거부 반응 때문에 힘들어 할 수도 있다. 왜냐하면 버려야 할 것이 너무 많기 때문이다. 그런데 때로 버려야 할 것들이 당신도 모르게 자신을 속박할 수도 있다. 하나님께서는 그때 그것들의 종의 신분이 된 것을 알게 하신다. 그리고 종의 신분에서 벗어나려는 자유의 마음을 가졌을 때 바로 이민을 결정하는 것이다.

가장 흔한 예로 당신의 아들 딸이 봉고차를 타고 학교, 학원 등으로 하루 종일 밤늦게까지 공부한다고 생각해 보자. 당신의 자녀가 매일 죽고 싶을 정도로 극심한 경쟁의 스트레스를 받고 공부를 한다고 생각해 보자. 당신은 매일 그 생각에 매여 밤잠을 못 잘 수 있다. 그때 당신은 그것들의 종이 되고 만다. 이렇게 되는 것이 정상이 아닌데 무엇을 해야만 이 속박에서 벗어날 수 있을까? 종의 신분에서 자유를 생각하고 당신은 조금씩 이민을 생각한다. 결국 당신은 자유인이 되어 이민을 단행하게 된다.

이제 당신은 나그네 같은 자유인이 된다. 당신은 자신이 결정하여 이민을 왔다고 생각할 수 있다. 하지만 당신은 알아야 한다. 당신의 마음을 헤아리고

이민을 오게 한 분은 하나님이시다. 하나님께서 창조하신 다른 세계를 우리에게 보여 주시고 사람들을 붙이시기 위해 나그네 같은 이민 생활을 하게 하였다. 푸른 창공과 산, 나무와 태평양 너머 불어 오는 바람을 느끼라고 나그네로 만드셨다. 가고 싶으면 어디든지 갈 수 있는 자유인이 되라 하신다.

마치 목수가 만든 집은 모두 다 보여 주고 싶은 것처럼 하나님이 창조하신 다른 세상을 당신에게 선물로 주셨다. 왜 이런 사랑을 당신에게 주시는지 알아야 한다. 바로 당신이 하나님의 자녀가 되기를 바라시기 때문이다. 당신이

하나님의 자녀가 되어 하나님의 선한 것을 알기를 바라시기 때문이다. 어떻게 하면 하나님의 자녀가 될 수 있는가? 예수님을 믿어야 한다. 왜냐하면 그분은 진정한 하나님의 아들이기 때문이다. 그분은 우리가 속박된 종으로부터 자유인이 되게 하시려고 우리의 모든 죄를 안고 십자가에서 돌아가셨다. 그리고 다시 자유인이 되어 죽음에서 부활하셨다.

당신이 예수님을 믿는다면 구습의 종이 아니라 하나님의 자녀가 되어 자유를 얻게 된다. 돌아올 아들을 아버지가 천국에서 기다리는 것을 깨달을 때 이민은 무전여행 하듯 평화스럽게 될 수 있다. 그런데 구습의 종으로 다시 돌아가는 것을 원한다면 당신은 광야에서 40년을 보낸 이스라엘 민족과 다를 바가 없다. 그렇기 때문에 당신은 영주권이 없어도, 먹고 사는 문제가 힘들어도, 임대료가 없어도 하나님의 자녀로 권세를 누리며 자유인이 되어 나그네처럼 살아가면 된다.

2. 주기도문과 함께
영혼의 자유를 향해 떠나는 여행

험난한 이민 생활에서 하나님의 뜻에 맞는 영혼의 자유인이 되려면 무엇인가 하나님께서 주신 길안내 장치가 있어야 한다.

이런 길 안내 장치가 바로 주기도문이다. 주기도문이 주는 은혜는 굉장히 크다. 사람에게는 중심이 있어야 모든 것이 올바르게 유지될 수 있다. 그 중심을 잡기 위해 많은 노력을 한다. 이런 노력을 도와주는 성령님의 비유가 있는데 주기도문을 통한 기러기의 자동 항법 장치이다. 마치 기러기의 위치 항법 인식 기관처럼 알맞은 고도를 유지하게 하고 여러 마리의 나선형 구조로 기러기의 인식된 항로를 날아가는 것이다. 기러기는 항상 갔던 길을 정확하게 다시 돌아 온다.

그리고 기러기들은 서로 응원을 한다. 마치 교회가 이런 모습을 하고 있다. 서로가 서로를 도와주고 힘들어 하는 처진 기러기를 뒤에서 돌봐 주는 기러기가 따로 있다. 마찬가지로 이민자들도 서로 서로를 돌보면서 험난한 이민의 모험 생활에서 도움을 준다.

주기도문은 영혼의 자유를 꿈꾸는 이민자들에게 중심이 되어야 한다. 중심은 사람들에게 중요하다. 말 그대로 중앙에 있는 마음이다. 그 중심을 다른 말로 하면 기준이라고 할 수 있다.

기도도 마찬가지이다. 이민자들에게는 늘 혼란스러운 상황에서 어떤 일이 일어난다. 그 때 이민자들은 기도한다. 이민자들은 각자 기준을 가지고 기도를 한다. 어떤 이들은 건강 문제에, 또 어떤 이들은 사업 문제에, 또 어떤 이들은 영주권 문제에. 어떤 이들은 먹고 사는 문제에, 어떤 이들은 자식 문제에 그 기준을 맞출 수 있다. 그 혼란함 속에서 기준을 잡게 하는 기도가 바로 주기도문이다.

주기도문을 자세히 묵상하다 보면 그리스도인이 가져야 할 삶의 기준을 정확하게 제시하고 있다. 2천년 전 예수님께서 제시한 기준이 바로 이 어두운 세상을 살아가는 빛이 된다. 그 분의 뜻을 좀더 더 깊이 알기 위해서는 주기도문의 가르침대로 살아야 한다. 마치 우리 몸에 중심축을 담당하는 기관이 있어서 의식하지 않아도 걸어 다니든, 뛰어다니든, 난간에 서 있든 자동으로 중심을 잡게 하는 것과 같다.

기러기가 험한 저 창공을 정확한 인식에 의해 날아가는 것처럼 다른 한쪽으로 치우치지 않고 올바른 신앙생활을 할 수 있어야 한다. 항상 기도하라.

그러면 주기도문을 묵상해 보기로 하자.

하늘에 계신 우리 아버지여— 현재의 우리는 먼저 세상에 아버지를 두고 있는데 또 하나의 아버지가 있다. 우리의 영적인 아버지이다. 세상에서 살아가다가 곤란한 상황에 직면하면 많은 사람들은 부모를 먼저 생각한다. 그리고 부모님께 그 어려운 상황을 벗어나게 해 달라고 부탁한다. 그리고 부모님은 그 무엇보다 먼저 달려가서 그 어려운 상황을 도와주려 한다. 하물며 세상의 부모들도 그러는데 하늘에 계신 아버지는 우리의 간청과 기도를 무시하지 않고 응답을 주신다. 아버지라는 관계인식을 통해 영혼의 자유인이 되는 이민자들에게 희망을 부르게 한다.

　이름이 거룩히 여김을 받으시오며– 하나님을 생각해 보면 그분은 영광과 거룩히 있으시고 절대 죄의 근처라도 가지 않으시는 분이다. 그분은 당연히 영광과 거룩과 경배를 받아야 한다. 그런데 인간이 죄를 범하면서 인간과 하나님의 사이가 갈라졌다. 인간이 당연히 경배를 해야 하는 거룩한 분이 있던 자리에 더러운 성격의 죄가 끼어 세상 우상을 섬기게 되었다. 주기도문은 원래 아담이 죄를 짓기 전과 같은 성격으로 하나님을 바라보는 것이다. 그리고 하나님과의 관계 회복을 원하는 것이다.

　주기도문의 제일 중요한 구절은 '나라가 임하시오며'라는 것이다. 천국은 사람들에게 죽음 이후에 있다고 보는 사람이 많다. 그러나 천국은 살아 있는 와중에도 영혼의 자유인에게 임하기도 한다. 그것을 임하게 하는 분은 하나님이시다. 어떻게 천국이 임하는 것인가를 몸소 실천을 하고 따르라고 하신 분이 바로 예수님이시다.

　사랑의 하나님!
　모든 부족한 부분까지 저희를 감찰하사
　구속된 자유인의 거만을 막게 하시기 위해
　주기도문을 주심을 감사합니다.
　십자가 지셨을 때 아무 말씀이 없음은
　인내하고 침묵하는 사랑을 보여 주심을 압니다.
　남모르게 사랑을 실천하는 것을 보여 주심을 압니다.
　모든 재물을 얻는 일이 당신의 사랑보다 중요하지 않음을 압니다.

아침에 어제의 수고한 돈을 찾는 미련한 저희를 만들지 마시고

당신의 말씀을 듣고 읽고 말하기 위해 준비할 수 있도록 하소서.

당신의 피가 흘린 맨발을 통해

당신의 못 박힌 손 때문에

당신의 찢기는 가슴 때문에

당신이 버겁게 느끼신 십자가 때문에

우리가 희망을 가짐을 압니다.

그때 당신의 십자가를 보았더라도 우리는 외면했을 것입니다.

그때 당신의 피 흘림을 보았더라도 무시했을 것입니다.

세상적인 가치관으로 영광을 돌리지 못했다고

우린 당신의 사랑을 무시했을 것입니다.

영혼의 자유인들은 이제 깨달았습니다.

나를 자랑하고 싶게끔 가진 것이 많고 명예와 권력이 많아도

그것은 당신이 우리에게 보여 주신 사랑의

억만 분의 일도 안 됩니다.

나를 죽이는 것이 사는 것이라. 당신이 실천함을 압니다.

우리를 죽이는 것이 주의 영광을 보는 길임을 압니다.

세상의 걱정은 한낱 들풀도 하지 않는 것이니

이 얼마나 미련한 짓입니까.

주님, 저희 같은 이민자들을 당신의 십자가 대열에 참여시키셔서

온 세상에 십자가의 물결이 일어나도록 하소서.

그들이 중언부언하지 않고 주를 인정하고 숨기신 사랑을 따름 같이

주를 매일 갈망하게 하시고 주기도문을 습관적으로 드리게 하시고
매일 하나님과 함께 있음을 알게 하소서.
이민자들의 삶을 드러내지 않고 주님을 드러내게 하소서.
그리고 매일 그들을 거룩하게 만드소서.
내일을 걱정하거나 자랑하지 않게 하시고
걱정의 늪에서 사는 부자가 아닌
기름 받은 가난한 성령으로 살게 하시고
영혼의 자유를 꿈꾸는 이민자들이 되게 하소서.
무엇을 먹을까 걱정하는 것보다
무엇을 해야 당신의 뜻을 세상에 전할 수 있을지를 생각하게 하시고
무엇을 입을까 걱정하는 것보다
무엇을 배워야 당신의 뜻에 합당한 사람이 되는지를 생각하게 하시고
무엇을 마실까 걱정하는 것보다
무엇을 기도해야 당신의 뜻에 기름 부은 은혜를 세상에 전할까
생각하게 하소서.
그 모든 것이 나를 드러내지 않게 하소서.
오직 당신의 능력이요 당신의 권세요 당신의 영광으로 임함을 알게 하소서.

옛날 이민자 느헤미야가 당신께 기도를 드림에
성벽 재건이 52일 만에 이루어짐을 알게 하소서.
오늘날 이민자들에게도 그와 같은 은혜를 주시옵소서.
세상의 것에서 벗어나 믿음의 성벽을 쌓게 하시고
하루하루 온전히 당신의 주기도문을 가슴 깊이 새기게 하시고
성령의 재물을 도둑이 들지 않는 천국의 성 안에 쌓게 하소서.

또 이민자들이 주님께 기쁜 마음으로 감사하며

금식 기도를 드리게 하소서.

이 모든 것이 다 당신의 은혜임을 이민자들은 압니다.

솔로몬의 영광이 당신의 영광에 비하면 아무것도 아닌 것을 알면서

가끔 솔로몬의 영광을 좇을 때가 있습니다.

하루 동안 무슨 일이 일어날지 모르는

이 미천한 존재들이 어찌 감히 당신의 영광을 좇으리이까.

저희들에게 거만과 드러냄이 없게 하소서.

오직 주님의 길만이

영혼의 자유를 향해 떠나는 모험의 길이란 것을 압니다.

사랑합니다. 주님.

예수님 이름으로 기도 드립니다. 아멘.

3. 하나님이 주신 선택의 자유 의지

사람들이 살다 보면 어쩔 수 없다고 하는 것이 많이 있다. 그런 것들이 삶을 지치게 하고 심지어는 자살까지 하게 만든다. 나그네 같은 자유인은 내려놓는 일을 생각한다. 무엇을 내려놓는가? 하나님께서는 세상의 관점에서 가진 것들을 내려놓으라 하신다. 명예가 중요하고 물질이 중요하고 학력이 중요하고 외모가 중요하고 능력이 중요한 것이 세상의 관점이다. 어쩌면 이런 무거운 짐들은 세상의 관점에서 당연히 가져야 될 것이라 말한다. 어쩔 수 없다고 말한다. 그러나 많은 사람들은 이러한 가치 기준을 얻기 위해 속박당한 종의 신분이 된 것을 모르고 몸부림을 친다.

그런데 생각해 보자. 그것이 진정한 세상이라고 하면 과연 창조주 하나님께서 세상을 인간들이 속박 당하게 만드셨을까? 하나님께서는 사람들이 자연의 세계를 누리도록 지구와 바다와 땅을 만드셨다. 하나님은 선하시기 때문에 인간을 만들 때 세상에 속박당하게 하지 않으셨다. 선과 정직과 공의와 사랑의 가치 기준을 주시고, 모든 인간의 자유 의지를 존중하시며 각각의 개성을 중시하셨다. 돈과 명예, 권력에 의해 일등이 중요하고 부자가 존경받게 만드는 가치 기준을 만들지 않으셨다. 이런 것들은 인간들이 만든 것이다. 사회 제도와 인간이 만든 가치 기준에 의해 자신들을 억압하는 것이 세상의 이치이다. 이것이 너무나 큰 압박으로 올 때 사람들은 자신을 죽인다. 이것은 사탄이 하는 짓이다. 사탄에 의해 조정을 당하고 종노릇을 하는 것은 하나님의 창조 질서를 어긴다. 사탄은 그것을 원한다. 하나님과 우리의 관계가 완전히 끝나는 것을 원한다.

지금 많은 자살 사건이 일어나고 있다. 사탄이 더욱 기세 등등하게 활동하는 것이 보인다. 그런데 종의 신분에서 속박 당할 때 한 가지 생각해야 할 것이 있다. 자기를 죽이는 것을 하나님께서 원하지 않으신다는 것이다. 창조주 하나님이 인간을 만들어 인생을 살게 하는 것은 어떠한 뜻이 있기 때문이다. 그리고 제일 큰 은혜인 선택할 수 있는 자유 의지를 주셨다. 어쩌면 자살도 선택의 자유 의지이다. 왜 하나님께서는 인간에게 선택의 자유 의지를 주셨는가? 그것은 우리를 사랑하시기 때문이다. 선택의 자유 의지가 없는 로봇이나 인형을 보라. 생명이 없다. 즉 선택의 자유 의지가 없는 것은 살아 있지 않고 죽어 있다. 좀더 이해하자면 우리 인간이 하나님의 형상으로 지어졌다는 것은 너무나 위대하고 영광스럽다.

그런데 이러한 사랑의 증표인 자유 의지를 자살의 도구로 만든다면 예수님을 십자가에 다시 매달리게 하는 것과 같다. 그때 예수님은 눈물로 당신과의 하나님의 관계가 끊긴 것을 아파하신다.

그러므로 세상 속에서 살면서 당신 안에 있는 자유의지로 무한한 하나님의 사랑을 알아야 한다. 그럴 때 당신은 나그네 같은 자유인이 된다. 하나님께서는 말씀하신다. "제발 떠나라." 당신을 속박한 것에서 멀어져라. 차를 타든, 비행기를 타든, 배를 타든, 하나님이 만든 다른 세계로 가라. 돈이 없다면 이민을 가지 않아도 된다. 어디든 떠나라. 여행을 하여도 좋다. 그리고 창조주 하나님께서 만드신 자연과 사람들을 만나라. 그것을 만지고 보고 느끼면서 살아갈 때 진정 하나님께 영광을 돌릴 수 있다.

그리고 나그네 같은 인생에서 창조주 하나님을 닮아 무엇인가를 창조하는 경험을 해야 한다. 이민 생활에서 당신이 새로 느낀 기쁨은 창조된다. 또 다른 사람에게 새로운 경험을 전하는 것도 당신이 받은 하나님의 축복을 함께 나누는 것이다. 바로 이것을 하나님께서 원하신다.

4. 다원주의 문화와 이민의 역사

이민 생활을 하는 동안에 하나님께서는 많은 선물을 주셨다. 무엇보다 소중한 것은 다양한 사람들과 문화를 접하는 기회를 주셨다. 하나님께서는 많은 민족과 많은 사람들과 다양한 문화를 만드셨다. 그 중에서도 서구의 다양한 문화와 여러 민족의 음식 문화를 접하게 된다.

서구 사회에서 실용주의와 다원주의를 빼면 할 말이 없듯이 음식 문화도 마찬가지다. 서구 사람들은 생각했다. '한곳에서 모든 종류의 음식을 맛을 볼 수 있다면 어떨까?' 그래서 생겨난 것이 푸드코트(Food Court)란 것이다. 푸드코트는 많은 곳에서 성업 중이며 한국 사람들도 이곳에서 일하고 있다. 중국, 한국, 베트남, 일본, 미국 등 여러 나라의 음식이 한 자리에 모여 누구나 자기가 원하는 음식을 먹을 수 있다.

다원주의 문화를 보고 싶으면 그곳에 가 봐야 한다. 모두 다 노력하면서 사는 모습이 너무나 보기가 좋다. 이민 와서 기죽지 않고 잘살기 위해 사는 모습이 아름답다. 피부 색깔이 틀려도 그들은 하나다. 뉴질랜드에서 먹고 사는 문제에 대해 인생의 의미를 부여하면서 이민 사회의 일원으로 살고 있다.

이민자의 역사는 아주 오래되었다. 아마도 몇천 년 전 당나라에 끌려간 백제 사람들이 이방인으로 고생하면서 향수에 젖어서 쓴 시와 몇천 년 후 뉴질랜드로 이민 와서 무전여행 하듯 사는 이민자로 고생하면서 향수에 젖어 쓴 시는 비슷할 것이다. 그리고 선조들이 언어 때문에 겪었던 설움은 지금과 같다. 그러므로 이민자들은 잘 먹고 잘살아야 한다. 이방인의 설움과 향수를 이기고 후세들을 위해서라도 잘 먹고 잘살아야 한다. 그것이 나그네 같은 이민자들의 운명이다.

누구도 똑같은 삶을 사는 사람이 없다. 그 운명을 이기고 성공한 이민자가 되려면 선조들이 성공한 인내와 끈기를 알아야 된다. 어쩌면 선조들은 자기의 선택이 아니었을 것이다. 우리 이민자들은 자의로 뉴질랜드를 선택했지만 우리 선조들은 강제로 끌려가서 그들의 운명을 그 이방 세상에 심었다. 향수를 느끼면서 그들의 운명을 개척했다.

필자는 중국, 일본, 인도인들의 상점에 판매 관리 시스템을 납품하면서 그들과 많은 이야기를 나누었다. 그들에게서 우리 민족과 비슷한 점을 많이 느낄 수 있었다. 문화는 차이가 있지만 그들이 이해하고 적응하는 이민 생활이 우리 민족과 너무나 비슷하다. 같은 이민자로서 서구 사회에 적응해야 하는 고충은 똑같다. 영어를 정복해야 되고 주류 사회에서 이방인처럼 사회의 주변인이 되는 고충을 안다.

그리고 그들은 자신을 위하든 가족을 위하든 인생을 사는 목적이 뚜렷하다. 모두 다 이민 와서 잘 먹고 잘살아야 되는 이유가 있다. 모두 다 후세를 위해 정말로 잘살아야 한다. 그리고 모든 민족의 후세들이 선조의 이민 체험기를 본받아 하나님이 주신 나그네 같은 개척 정신을 계승한다. 아마도 몇천 년 전 우리 선조가 그들의 선조들과 같이 열심히 살았고 그들의 선조들이 그것을 본받아 후세들에게 전해져 나그네 같은 이민을 왔는지 모른다. 또 어쩌면 몇백 년 전의 우리 선조가 그들과 만나 무역을 협상하였는지도 모른다.

어쨌든 우리는 그들과 더불어 산다. 중국 사람들과 일본 사람들과 인도 사람들과 아랍 사람들과 하나의 사회를 만들어 고유한 문화를 유지하고 언어를 유지하며 후세들이 좀 더 나은 환경에서 살게 하기 위해 오늘도 열심히 일한다. 아시안의 부모들이 새벽 바람을 가르며 남태평양의 섬나라에서 열심히 나그네 같이 산다.

이민자들이 다양한 갈등을 겪으며 뉴질랜드라는 나라가 내 나라라고 생각하지만 여기 사람들은 여전히 우리를 이방인으로 생각한다. 이런 갈등이 있어 힘들어 할 때나 언어적인 차이로 삶이 피곤해질 때 이민자들은 역 이민을 생각한다. 다시 말하지만 이런 갈등은 그 옛날 이스라엘 민족에게도 있었다. 모세가 이스라엘 백성들을 이끌어 이집트에서 탈출하여 홍해를 건널 때도, 건넌 후에도, 가나안에 정착하기 전에도, 역 이민을 이야기하는 사람들이 있었다.

이민에는 하나님의 법칙이 존재한다. 무엇인가 하나님의 뜻을 발견할 때 이민자로서 진정한 주인이 되는 것이다. 필자가 반복적으로 계속 강조하고 싶은 것이 있다. 하나님의 이민 법칙을 알려면 성경을 꼭 읽어야 한다. 거기에는 초기 이민자들이 어떤 애환을 가지고 살았는지 잘 나와 있다. 하나님의 진리를 잘 따르는 사람만이 이민자로 성공하는 사례들이 잘 나와 있다. 성경은 하나님의 법칙이 존재하는 이민의 역사이다. 그 진리가 현재 뉴질랜드에 있는 아시안 이민자들에게도 적용이 된다. 하나님은 우리가 이런 낯설움에 대해 진취적이길 바라신다. 주신 삶을 주저하지 말고 개척하라고 하신다. 그리고 그 땅 위에 우리의 깃발을 꽂기를 기다리신다. 하나님이 만들었고 하나님이 다스리는 이 땅에 진정한 주인이 되는 순간 우린 진정 하나님의 아들 딸로 이 땅을 섬길 수 있다.

이 책은 다소 하나님의 말씀과 성경의 이야기가 많이 들어가 있지만 필자의 경험을 토대로 이민자들에게 그만큼 좋은 조언이 없으리라 생각해서 적었다.

5. 이민자의 향수

파란 하늘에 파란 바다가 보이고
이불 같은 솜털 구름이
태평양 바다 위에 떠간다.
섬들을 휴식 삼아
그들은 떠다니리.
그저 저렇게
저 구름은 바람 따라
가고 싶은 곳을 가건만
우리 나그네 같은
가난한 이방인은
하염없이 고향이 그립구나.
정처 없이 떠다니는 배처럼

부모, 형제, 친구를 두고 온
고향 북쪽에
구름이라도 타고 가고 싶지만
현실은 여기 타국에
있구나.

비가 내리는 태평양
저 끝 너머에는 고향 바다가 닿건만
비는 그저
내 마음을 아는지
향수를 씻는구나.
내 앞에
나를 닮은 이들이
웃으며
나의 향수를
만드는구나.

그것이 창조주 하나님의 뜻이기에
인생의 여행에
선물 같은 이민의 모험은
그저 감사할 뿐이다.

6. 나그네의 기도

하나님!
저희 나그네를 준비된
이 땅에 심으심을 압니다.
저희 애환과 향수와 아픔을 만지시고
저희 고통과 설움을 고쳐 주시고
모든 이민자들에게
복에 복을 더하사
당신의 땅에
지경을 넓히게 하시고
진정한 주인이 되게 하소서.
그리고 그 씨가 자란 나무가
거대한 창공에 가지를 뻗어가며

새가 쉬어가며
마음이 가난한 사람들이
나무 아래 쉬어가고
성령에 갈급한 사람들에게
먹일 수 있는
사랑의 열매를 맺게 하소서.

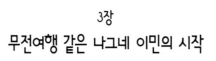

3장
무전여행 같은 나그네 이민의 시작

1. 이민의 시작은 이러했다

2001년 봄이 완연해 지는 어느 날 새벽, 필자는 강변 북로를 달리고 있었다. 그때 나는지칠 대로 지쳐 있었다. 사업을 하다가 어려움에 빠져 좋은 투자를 유치하느라 온 신경이 거기에 가 있었다. 이것만 되면 된다는 생각으로 온몸은 지쳐 가고 있었다.

결국 모든 조건 협의를 마쳤다. 다음주에 투자금이 들어온다는 소식을 듣고 필자는 이제 안심하였다. 그리고 저녁 식사를 하고 집으로 돌아오는 길이었다. 한강의 밤은 깊어만 갔다. 강변 북로의 불빛은 여전히 아름다웠다. 그런데 강변 북로를 차로 달리고 불빛을 보고 있는 사이 필자의 코에서 콧물 같은 것이 나오는 것이 아닌가? 당연히 콧물이라 생각하고 손으로 확인하였다. 그런데 피였다. 당황하였다. 계속 멈추지 않고 흐르는 것이었다. 하염없이 코피가 흘렀다. 그냥 코피가 아니었다. 머리에서 피가 터진 것이었다. 만약 그때 코를 통해 피가 나지 않았으면 필자는 죽었을 것이다.

강변 북로를 가다 보면 알겠지만 쉴 만한 갓길이 없었다. 한 손으로 코를 막고 한 손으로 운전대를 잡고 계속 비상등을 키면서 갓길을 찾아 달렸다. 마포 쪽으로 와서야 갓길이 있었다. 어느 마포의 길가에 정차를 하고 필자가 입고 있는 옷을 보았다. 와이셔츠가 온통 피로 물들어 있었다. 정말로 기가 막혔다. 건강이 어느 정도 나빠진 것은 알겠지만 병원에 갔다 온 지 3주 정도도 안 되어 온몸에서 피가 나오는 증세가 다시 시작되었다. 멍하니 한강 다리를 바라보면서 필자는 엉엉 울었다. 인생의 깊은 자락 안에 고통이 있다 해도 이런 슬픔과 고통은 어찌 못하리라 생각했다. 과연 필자는 무엇을 위해 일하는지 몰랐다. 이렇게 사업을 하다가 죽으면 필자는 '아무 뜻 없이 인생을 살다가 가는 사람이 되는구나.'라는 생각을 하며 죽음 끝에서 인생을 다시 보기 시작했다.

그날 아내가 알면 놀랄 것 같아 아내가 모르게 겉옷으로 와이셔츠를 가리고 집으로 들어가 몰래 세탁기로 옷을 빨았다. 다음날 아침 필자의 몸에서 이렇게 3개월이 지나면 필자의 몸이 죽는다는 말을 하는 것 같았다. 필자의 몸에 있는 모든 장기가 고통으로 설움을 받는 것이 느껴졌다. 피를 토하는 아픔이 필자의 머리까지 전달되었다. 이렇게 몇 달이 지나면 필자의 몸이 무너지고 죽을 것이라고 말하고 있었다. 죽음의 그림자가 필자를 잡고 있었다.

필자는 사업가다. 건강이 문제가 되는 사업가다. 필자에게 많은 사람들이 희망을 걸고 사업에 투자를 하였다. 그런데 이런 희망이 절망으로 가면서 필자가 가진 모든 것을 내려놓게 하나님은 인도하기 시작하셨다. 세상 속에서 돈과 명예와 욕심을 가지려고 처절하게 싸울 때 필자의 가장 중요한 부분인 건강을 치셨다. 하나님께서는 '이래도 계속 이렇게 생활할 것이냐?'라며 계속 필자를 치셨다. 모든 것을 포기하라고 하셨다. 그때부터 하나님은 필자의 인생을 무전여행하는 것처럼 만들기 시작하셨다. 하나씩 손에 쥔 것을 놓기 시작했다. 죽음 직전에 다시 인생을 바라보는 힘이 생겼다. 결국 필자는 모든 것을 포기하고 모든 주위 상황을 강제로 놓아 버렸다.

병원에서도 계속 적신호가 왔었다. 의사는 쉬라고 했다. 몸에 이상이 있는 것이 이제는 숨길 수가 없게 되었다. 모든 몸의 기관에서 피가 흘러 나오고 있었다. 진퇴양난의 시점에서 필자는 건강을 잡을 수밖에 없었다. 지금은 쉼이 필요하다. 죽으면 모든 것이 무슨 소용이리요. 필자의 몸에는 요양이 필요하였고 결국 모든 인생을 다시 생각하는 힘이 생겼다. 죽음을 극복하려면 다른 장소로 삶의 터전을 옮겨 쉬어야 한다.

이런 슬픈 현실에서 죽음을 생각하고 인생의 진정한 의미가 무엇인가를 곰곰이 따져 보았다. 그것은 가족이었다. 가족과 함께 있지만 진정 가족과 함께 있는지 필자는 생각해 보았다. 한국 같은 사회 환경에서 밤 12시 이후에 집에 들어오고 아침 7시에 나가는데 과연 가족과 같이 있는 생활인가. 이것은 아니었다. 가족과 같이 많이 있으려면 전혀 다른 사회구조 속에서 살아야 한다. 그래서 필자는 사업을 유지하면서 가족들의 영혼의 자유를 생각하기 시작했다. 결국 가족들과 함께 영혼의 자유를 찾아 여행을 떠났다. 이것은 필자의 건강 때문에 휴양차 떠나는 여행이었다. 자유하는 마음이 들기 시작했다. 죽어 가는 육체 때문에 종의 속박에서 벗어나 영혼의 자유를 향해 떠나는 여행자가 되고 싶었다. 모든 것을 포기하는 마음으로 무전여행 하듯 이민은 이렇게 필자에게 시작되었다.

2. 말린 고사리 반입 사건

매서운 바람이 머리를 감싸고 돌던 그 6월의 어느 날 남쪽 나라의 오클랜드 공항에 우리 가족은 내렸다. 공항은 무척 많은 사람들이 기다리고 있었다. 돌도 안 지난 아기를 데리고 비행기를 타는 것은 매우 힘든 일이었다. 아기용 바구니 침대가 비행좌석 맨앞에 있었다. 그러나 아기가 많은 사람들이 자고 있는 시간에 울면 참으로 난감하였다. 이런 아기의 입을 막을 수도 없고 좁은 항공기 내에서는 제발 깨지 않기를 바라는 심정으로 동동 업으면서 기내를 헤매야만 했다. 울면 때로는 화장실 안으로 들어갔었다.

그렇게 뉴질랜드 국제공항에 도착해 보니 물품 검사에 모든 짐을 헤쳐 푸느라 정신이 하나도 없었다. 우리의 짐도 예외 없이 헤쳐 풀어졌고 집에서 가져온 고추장이며 양념통이며 수난을 당하지 않는 것이 없었다. 그런데 입국하면서 큰 문제가 발생하였다. 장모님이 손수 말린 고사리가 문제가 되었다. 씨가 그대로 있어서인지 반입이 거절되었다. 1시간 이상 무슨 말인지 전혀 알아들지도 못해서 애를 동동 태웠다. 말이 통하지 않았다. 어쩔 수 없이 공항에서 우리를 기다리는 사람이 공항 안으로 들어와 수습을 해야만 해결이 되는 상황이 되었다. 참으로 어처구니 없는 일이었다. 씨가 들린 식물 반입이 금지되는 것은 자국의 식물 보호 차원에서 보호하는 것은 당연하다. 그런데 무슨 이유인지 전혀 눈치채지도 못하고 먹는 것을 못 가져가게 하는 검사 요원들을 미워하면서 뉴질랜드 이민을 시작할 수밖에 없었다. 지금 생각하면 이 경험은 황당하고 참으로 한심한 것 같다. 조금이라도 영어를 알아들어서 반입 검사비만 지불하면 바로 들어 올 수 있었다. 그런데 씨가 정말로 해로운지를 비용을 지불하면 검사해 주겠다는 영어를 못 알아 들은 것이다. 결국 뉴질랜드로 못 들어가게 하는 횡포로 생각해 1시간을 떨었으니 참으로 한심한 일이다. 그리고 보면 식물도 사람처럼 이민 자격을 심판하여 적당한지를 판단하는 기준이 있다는 게 참 신기한 일이다. 지금 우리나라 국토를 뒤덮고 있는 서양 풀들은 심사 기준에 못 미치는데도 들어왔을 것일까? 한국은 여름인데 여기는 겨울이다. 공항 밖에서 주차장으로 가는 길이 이렇게 썰렁한지 추운 느낌이 타지에 와서 그런지 더욱 심했다.

이민자들이 공통적으로 하는 말이 있다. 이민자들에게 사는 지역과 직업은 공항에 누가 나오냐에 따라 결정된다. 우리를 마중 나온 사람도 글렌빌느 지역에 살고 있다. 처음 우리를 데리고 간 것이 글렌필드 지역 근방의 모텔이었다. 공항에서 모텔로 가는 길에는 노을진 햇살이 비치고 있었다. 우리의 마포에서 글렌필드로의 이주는 이렇게 시작되었다.

기존의 이민자들은 목적지에 도착하면 여행을 즐기는 것이 아니라 무엇인가 먹고 살기 위해 투쟁부터 하기 시작한다. 그래야만 이민 생활을 계속할 수 있기 때문이다. 우리 가족이 이민을 온 것도 마찬가지다. 이제부터는 생활하는 것을 배워야 하고 그들의 문화와 관습과 생각을 배우고 어디서 어떻게 살아야 하는 지 알아야 했다.

이런 때 대개 이미 그 목적지에서 정착하고 생활하고 있는 사람들에게서 도움을 받는다. 그런데 이런 이민 생활에 문제가 생기는 것이 바로 이 시점부터다. 사람들은 사전 지식이 없는 상태에서 공항에서 내려 마중 나온 사람들의 안내를 따라 마치 종처럼 시키는 대로 한다. 그때 공항에 마중 나온 사람들의 입장에서는 자기들의 이익에 부합하는 쪽으로 안내를 시작하는데 이때부터 문제가 발생한다.

새로운 이민자로 정착해서 나중에 알고 보니 사기였고 이용당했다고 서로 싸우는 경우가 종종 생긴다. 대부분의 이민자가 친척이나 가족을 믿고 오는 이유가 바로 여기에 있다. 그들은 자기들의 이익을 떠나서 정말 진심으로 도와주려고 하기 때문이다. 그렇지 않은 경우에는 대부분의 이민자가 정착한 후에 정착을 안내한 사람과 왕래를 안 한다.

무전여행을 하는 마음으로 이민을 떠난 사람들은 더욱 이것을 피해야 한다. 왜냐하면 가진 것이 없이 여행을 하는 사람들은 그나마 조금이라도 있는 것을 피해를 당할 염려가 있기 때문이다. 사전에 여호수아와 갈렙이 가나안을 정탐한 것처럼 많은 정탐을 인터넷이나 신문과 책을 통해 미리 해야 한다. 그리고 긍정적인 마음으로 그 땅을 정복해야 한다. 모든 것은 염려이고 지나간다는 것을 알아야 한다. 거대한 거인이 산다고 걱정할 필요가 없다. 현지인들을 걱정할 필요가 없다. 어떻게 생각하느냐가 중요하다. 사전에 문화적인 면과 모든 사전 조사를 통해 어떻게 그들을 대할 것인지 미리 마음을 먹으면 된다.

3. 카페트 침수 사건

이민 생활을 하다 보면 생각지 않은 문화적 충격을 받을 때가 있다. 상식을 벗어난 당황한 경험은 이민자들에게 문화적 충격을 받게 한다. 그때마다 우리는 문화적 충격의 수업료를 내야 되는데 카페트 침수 사건은 우리 가족에게 충격 그 자체였다.

우리 가족의 모텔 생활은 참 희한했다. 한국에서 나름대로 아는 사람을 통해서 모텔을 잡아달라고 했다. 모텔이 독채로 되어 있었고 침대 생활을 하지 않았던 아이들은 침대 위에서 마냥 즐거워만 했다. 돌도 지나지 않은 막내는 추운 날씨 때문인지 잘 적응하지 못하고 울기만 했다. 두 아들들은 모텔의 창문과 침대가 신기하여 연신 장난을 치면서 놀고 있었다. 참 속도 편한 애들이다. 이민 와서 어떻게 살아야지 하는 생각으로 골치 아픈 어른보다 즐겁기만 한 애들이 부러울 때도 있었다.

모텔은 20채로 이루어져 있었는데 각자 독립 공간의 부엌과 침대와 소파가 있어서 나름대로 한국에서 가져온 음식을 해 먹을 수 있었다. 지금 생각하면 가족들은 M.T. 온 느낌이었는데 필자의 마음은 경제적 걱정 때문에 일본군에 끌려 온 도자기 기술자처럼 너무나 무겁게 느끼고 있었다.

한 가지 신기한 것은 모두가 카페트를 깔고 있어서 처음 모텔에 들어갈 때 신발을 벗어야 될지 고민하면서 들어가야만 했다. 장판을 깔고 아랫목이라는 온돌 문화를 갖고 있는 우리 가족에게는 카페트란 것이 신기하였다. 그때의 불편함에 대해 왜 이런 거추장스러운 존재가 있나 생각하였다. 한국의 아파트에서 가스로 온 집안을 따뜻하게 하려면 10분이면 되는 것을 모텔에 들어와서 1시간이 지나도 따뜻하지 않았다. 전기 난로와 카페트 등 방안의 모든 문화적인 차이들이 이해가 안 되었다. 나중에 알게 된 사실이지만 서구 문화는 되도록이면 보기에 따뜻한 카페트를 많이 쓴다. 그리고 자체 보온이 가능한 카페트에 대해 매우 긍정적인 부분으로 인식을 하고 있었다. 그런데 이런 카페트가 이민 온 한국 사람들에게 풍토병인 아스마와 호흡기 질환을 야기시키는 주요한 요인 중에 하나라는 것을 알았다. 많은 아이들과 어른들이 이러한 고질병에 걸려서 고생을 하는 것이 바로 이런 카페트 문화의 단점이다.

짐을 정리하고 먹을 것을 정리하고 아이들을 진정시키고 보니 그런 대로 정감 있는 산장 같았다. 이런 것이 이민 생활의 맛인가. 한국에서는 포천이나 남한강 강변의 별장 같았다. 벽난로에 불 피우고 카페트 위에 침대가 있고 얼마 안 가면 호수가 있는 그런 산장 같았다. 나중에 알고 보니 그 모텔에서 얼마 안 가면 바로 남태평양이었다.

무전여행으로 여행을 하다 보면 값진 인생의 휴식을 한다. 생각해 보라. 파란 하늘과 따뜻한 햇살이 비치는 해변 모래사장에서 드러누워 남태평양의 훈훈한 바람을 받고 아무 생각 없이 쉬고 있다는 것을……

어쨌든 필자는 긴장한 마음으로 영어를 알아들으려고 고생을 했더니 온

몸이 피곤하였다. 그도 그럴 것이 세관에서 쓰는 영어는 따발총처럼 떠들어 대는 것이었다. 대학교나 학원에서 영어로 수업할 때 천천히 말하는 것도 알아듣기 힘든데 단어만 열심히 외우던 영어로 무장한 필자는 온몸이 긴장의 연속이었다.

침대에 누우니 한국에 두고 온 가족과 사업이 생각났다. 이곳에서의 생활이 안정되면 빨리 한국에 가서 사업을 유지하면서 왔다갔다 하기로 생각하고 왔는데 ……. 이렇게 불안한 이유는 왜일까? 이제 기러기 아빠처럼 살아야 하나? 그런 저런 생각에 잠을 못 이루었다. 영혼의 자유를 향해 떠난 여행자는 만감이 교차하면서 잠을 이루지 못했다. 다음날 익숙지 못한 목욕탕과 화장실을 아이들과 이용하면서 안내자가 오길 기다렸다. 참 이상한 것은 세면대 샤워실이나 화장실이 별도로 되어 있는데 바닥에 배수구가 없었

다. 바닥에 물을 흘리면 닦아야 되는 것이었다. 아마도 신을 신고 다니는 문화 때문이라 생각되었다.

우리 문화는 양말을 벗고 맨발로 다니면서 발을 닦으려면 세면대 바닥에 배수구가 있어서 바닥에서 발을 씻어도 상관없지 않은가. 만약 신발을 신고 다니는 그런 문화였다면 굳이 배수구가 바닥에 필요가 없었을 것이다. 아마도 카페트 침수 사건은 이런 문화 차이에서 시작되었다.

우선 안내자가 왔을 때 우리는 그 사람의 눈만 쳐다보며 처분만 바라는 노예 같은 심정으로 어딜 데려 가나, 무슨 말을 하나 잘 새겨들어야 했다. 우선 제일 급한 것이 자동차이고, 그 다음이 임대할 집을 알아보는 것이 순서란다. 다행히 나는 국제 면허증을 가지고 있었기 때문에 운전에는 전혀 지장이 없는 줄 알았다. 그러나 그것은 커다란 착오였다. 문화만 틀린 줄 알았는데 세상에 자동차 구조도 틀린 것이었다. 오른쪽에 핸들이 있는 것이다. 이것이 영국 방식인데 미국이 대영 제국에서 벗어나려고 핸들을 왼쪽에 만든 명에가 몇백 년 후의 한국에서 뉴질랜드로 간 이민자를 이렇게 괴롭힐 줄을 누가 알았겠는가.

우선 필자는 시간이 없었기 때문에 빨리 자동차를 구입하기로 하고 안내자가 잘 아는 자동차 판매점으로 온 가족을 데리고 갔다. 그 역사적인 날 필자는 토요타 캠리 중고를 샀다. 지금도 그 차를 타고 다니니 순간의 선택이 얼마나 중요한지가 느껴진다. 지금 생각하면 바보 같은 생각이지만 외국에서 깎으면 안 되는 줄 알고 달라는 금액을 그대로 주었더니 비싼 가격에 자동차를 산 것이란다. 여기도 자유 시장 체제이기 때문에 깎아도 되는 것이었다.

우선 자동차에 대한 이야기는 너무 길기 때문에 다음 장에서 이야기하련다. 어쨌든 처음 서투른 운전으로 글렌필드 근처의 타카푸나 지역을 돌아다녔다. 우리 가족은 글렌필드 근처 타카푸나의 배 선착장에 차를 대고 연일 감탄사를 질러댔다. 타카푸나 해변 앞에 랑기토토(Rangitotot)란 섬이 있다. 그 섬은 마치 여기 저기 다른 해변 지역에서 봐도 비슷하게 보이는 것이 아닌가? 그리고 비가 온 뒤 무지개가 선명하게 우리 가족을 맞이하고 있었다.

우리 인생도 그런 것일 게다. 그저 특별한 삶인줄 알았던 사람도 알고 보면 인간관계 때문에 고민하고 슬퍼하고 때로는 즐거워하면서 인생을 산다. 다만 무엇을 위해 살아가는지가 틀릴 것이다. 어떤 사람은 돈을 위해, 어떤 사람은 직업을 위해, 어떤 사람은 명예를 위해, 어떤 사람은 사람을 위해, 가지각색 무지개를 이루면서 서로 그것 때문에 얽히고 아파하면서 무지개의 시작점에서 끝점으로 이어지지 않을까 생각한다.

이 사진을 보라. 모두 다 무엇인가를 보는 이 사진은 인생의 한 단면이다. 배를 타고 가는 사람들, 아이들을 위해 사진을 찍는 사람들, 수영을 하는 사람들, 무엇인가 바닷가에 찾고 있는 사람들, 아이들과 같이 시간을 보는 사람들……

그런데 뒤에 있는 랑키토토 섬은 똑같다. 그 누구도 섬을 보지 않는다. 그런데 섬은 변하지 않는 모습으로 우리를 쳐다보고 있다. 인생 저편에서 우리를 바라보는 하나님의 시각도 마찬가지일 것이다. 섬을 바라보고 우리가 가야 할 길을 알아야 한다. 돈과 명예나 욕심에 얽매이지 않고 자유인이 되는 사람들을 하나님은 원하신다. 돈의 노예가 안 되며 인간관계에 자유인이 되는 사람들을 원하는시는 것이다. 진정한 무전여행을 즐기듯 이민 여행을 하는 사람들이 바로 우리의 모습이 되어야 한다.

하나님께서는 저 편에서 우리를 보시고 안타까워하신다. 하나님께서 만든 모든 것을 느끼고 즐기고 마음껏 자유하면서 살다가 오라고 하신다. 그런데 마치 영원한 삶을 사는 것처럼 얼키고 설킨 인간관계에 아파하면서 돈과 명예와 욕정에 쌓여 하나님을 느끼지도 보지도 못하면서 살다가 죽는다.

사진 속의 그 누구도 섬을 바라보지 못하는 것이 바로 인생의 단면이다. 그러므로 이민자들은 무전여행을 하듯 인생을 사는 사람들이 되어야 하며, 나그네 같은 이민 생활을 하는 사람들이 되어야 한다. 무전여행은 돈과 명예와 욕심에 대해 자유해야 한다. 그리고 섬을 바라보면서 영원한 하나님의 나라, 즉 섬과 같은 천국의 나라를 동경하면서 하루 하루를 감사하면서 살아야 한다.

다시 필자의 이민의 이야기로 돌아가 타카푸나 선착장에서 멀리 있는 무지개가 점점 우리 쪽으로 오는 것이 아닌가? 우리 애들은 너무 신기해서 소리를 질러 대고 있었다. 나중에 안 사실이지만 뉴질랜드는 겨울에 시도 때도 없이 비가 내리기 때문에 이런 무지개는 다반사다. 필자는 우리 가족을 환영하는 하나님께서 주신 성령의 징표라고 생각했는데 ……. 필자는 계속 그렇게 생각하고 싶다.

점심은 코리아 타운에 있는 중국 음식점에서 자장면을 먹었다. 만리 타향에서 먹는 자장면 맛은 여러 가지로 감회가 새로웠다. 벌써 두고 온 고향을 느끼게 하였다.

식사를 마치고 모텔로 돌아왔을 때 우리 가족은 기절초풍을 하고 말았다. 애들 중에 한 놈이 세면대를 한국에서처럼 막아 놓고 물을 틀어 놔서 하루 종일 넘쳤던 것이다. 상상이 가는가? 온 카페트를 밟을 때마다 칙칙 소리가 나고 물이 새어 나는 것을……. 한국 같으면 이렇게 해도 물이 세면대나 화장실 바닥의 하수구로 빠지기 때문에 아무 생각없이 아이들은 한국의 생

활 방식대로 한 것이다.

무지개를 감상하는 순간에 우리 가족이 묵은 모텔 방은 온통 물바다가 되어 있었다. 참으로 어이가 없는 일이었다. 도저히 신발을 벗고 다닐 수가 없는 지경이 되었고 나는 어안이 벙벙한 표정으로 모텔 관리자를 찾아갔다. 이민 역사 이래 이런 일은 처음이란다. 웃기는 일이 아닌가? 그 사람은 나중에 우리가 카페트 수리 전문가한테 손해배상 할 때 잠깐 영수증을 복사해야 되겠다고 사무실 복사기로 영수증을 복사를 하는 것이 아닌가? 왜 그러냐고 물어 보니 그 사람 대답은 걸작이다. 앞으로 올 손님한테 복사한 영수증을 경고의 표시로 보여 준다나······.

카페트 수리비용과 말리는 비용을 주고, 하루 500달러 짜리 잠을 모텔에서 잔 것이다. 다행히 거실 한 부분은 안 젖어 온 가족이 거실에서 하룻밤을 보냈다. 그리고 세면대와 화장실이 연결된 방은 잠긴 채 밤새도록 선풍기가 카페트를 말리고 있었다. 뉴질랜드 한겨울에 선풍기 소음을 들으면서 잠잔 가족은 우리뿐이었을 것이다.

문화적 차이를 공부하는 수업료가 따로 없구나 하는 생각이 들었다. 카페트 문화와 목욕 문화가 틀린 이 나라에서 살려면 이 정도는 수업료로 지불해야 되는 것이 아닐지······. 지금도 우리 가족은 외출할 때 세면대를 항상 점검한다.

4. 마룻바닥에서 찬 바람이 들어와요

자동차를 구했으니 다음은 모텔 생활을 정리할 집을 구하러 다녔다. 당연히 돈이 없으니 집을 살 수는 없고 임대를 구하러 다녔다. 뉴질랜드 같은 서구 문화에서 임대에 대한 인식은 아주 간편함 그대로였다. 계약 기간이 정해져 있다. 만약 계약 기간이 안 되도 한국에서 소위 말하는 복덕방처럼 존재하는 부동산 에이전트 사무실에 내놓으면 임대 담당자가 따로 있어 도와준다. 살고 있는 세입자의 집을 임대 시장에서 나갈 수 있게 연결해 준다. 당연히 복 비는 존재한다. 집주인을 위해 전세입자가 나가기 전에 점검하는 것은 물론이고 정기적으로 임대 집에 대한 관리까지 해 준다. 당연히 집주인한테 관리비를 받는다. 정확하게 말하자면 임대료에 포함되어 어느 정도 금액을 제하고 집주인한테 임대료를 보내는 것이다. 만약 전세입자가 집에 손상을 입히면 손해를 배상하고 나가야 한다.

그런데 가장 큰 문제가 잔디에 대한 문제이다. 여기저기 임대 집을 알아보러 안내자를 따라다니는데 항상 물어 보는 것이 있었다. 그것은 잔디를 주인이 깎느냐는 것이다. 왜 그러냐고 물어 보니 여기 문화는 잔디를 항상 깨끗하게 정돈이 되어 있어야 한다는 것이었다. 만약 잔디를 안 깎으면 이웃에서 신고를 한단다. 한국 같으면 도저히 상상치 못할 일이다. 한국에서는 만약 신고하면 멱살을 잡고 한바탕 전쟁을 치르고 원수 지간으로 살 것이다.

여기서 한 가지 짚고 넘어야 할 문화적 차이를 발견할 수 있다. 서구 문화는 개인적인 사생활도 중요시 여기지만 공중 문화가 발달이 되어 신고 정신이 있다. 이런 차이로 서로가 서로를 견제하면서 존중하고 그들의 사생활을 중요시 여긴다. 이런 신고 정신이 집에 도둑이 들었거나 위험한 상황에 처하면 힘을 발휘한다. 그래서 세를 할 때 둥근 타운을 형성하는 집들은 도둑 걱정이 없어서 비싸다. 도둑도 그것을 안다. 되도록이면 독자로 떨어져 있는 집을 선호한다. 한국 문화는 거꾸로 잔디를 안 깎아도 신고를 안 하고 보복이 두려워 도둑이 들어도 신고를 안 하니 더욱 손해를 입는다. 의무와 책임을 다하는 그런 문화가 오히려 낫지 않을까 생각해 본다.

어쨌든 필자는 두 가지, 즉 카페트가 없고 잔디가 없는 집을 찾아 다녔다. 이야기를 안 해도 왜 카페트가 없는 집을 선호하는지 알 것이다. 잔디가 없는 집은 우선 필자가 한국에 들어가 사업을 계속해야 되었기 때문에 여기에 없을 것을 가정하고 찾았다.

찬 바람 침투 사건은 이렇게 시작되었다. 이틀 정도 찾아보니 그런 집이 나왔다. 우선 잔디가 없었다. 잔디는 솔직히 말하면 있었는데 아주 적었다. 온 집이 나무 담으로 둘러싸여 있고 안에 있는 정원은 나무 껍질로 쌓아 놓았고 야자나무 등 열대식물을 심어 놓았다. 나무로 데크를 만들어 진짜 이국적인 집이었다. '잔디가 없어도 이렇게 이국적일 수가 있구나' 하며 감탄하였다. 임대료는 조금 비싸지만 그런 대로 견딜만 했다. 그런데 나중에 안 사실이지만

나무 껍질 때문에 여름에 파리 등 온갖 곤충과 새들로 정원은 자연 박물관이 되었다. 애들한테는 좋은 것인지 나쁜 것인지 알 수 없었다.

　계약을 하고 보증료(bond)로 돈을 지불하고 은행 자동 이체 계약서를 작성하였다. 돈을 자동으로 이체하는 것은 당연히 이해되었지만 보증금이라는 명목으로 한 달치를 먼저 내는 것이 이해가 안 되었다. 안내자에게 물어 보니 만약에 임대료를 못 내면 그 기간 안에 다른 사람을 찾는데 걸리는 시간의 비용이 보증금의 명목이라 한다. 또 나중에 세를 살고 나간 후에 집에 문제가 있어 수리할 경우에는 수리비로 제한다는 말을 듣고 이해를 하였다. 얼마나 합리적인 사고 방식인지 감탄하지 않을 수 없었다. 바로 다음 날 입주를 하란다. 키와 모든 것을 받고 모텔로 돌아왔다.

　필자는 어쨌든 정리를 빨리 하고 모텔에서 나와 임대한 집으로 옮기고 한국으로 가려고 많은 노력을 했다. 그런데 첫날 밤에 우리는 추워서 무지하게 힘든 밤을 보냈다. 카페트가 없어서 마루가 너무 차가웠다. 차가운 마루를 보면 옛날 우리 시골집의 마루가 생각났다. 오히려 카페트가 그리웠다. TV도 없이 아이들은 마냥 즐겁기만 했다. 새로운 집의 낯선 환경에서 아이들은 너무나 잘 어울리는 것 같았다. 다음날 아침, 필자는 기절하는 줄 알았다. 거실의 마룻바닥에서 바람이 솔솔 부는 것이 아닌가? 아침이라 차가운 날씨이고 찬바람은 더욱 스산하게 만들었다. 지하에 있는 창고로 내려가 보니 마루 밑에는 아무것도 없었고 바로 밑이 허공이었다.

뉴질랜드의 건축 양식은 한국처럼 콘크리트로 기반을 만드는 것이 아니라 나무로 집의 틀을 만든다는 것을 나중에 알았다. 심지어 나무로 만든 집을 공장에서 만들어 살 곳으로 가져가 이동식 주택처럼 집에 터를 만들고 바로 이전한다고 한다. 옛날 뉴질랜드는 온통 나무였으니 당연히 그랬을 것이다. 그래서 바닥에 틈만 있으면 찬 바람이 들어온다. 카페트가 왜 필요한지 이제는 알 것 같았다.

5. 사모님, 저희 애들을 부탁합니다

참 어려운 결정을 해야 될 시간이 되었다. 생각지도 않은 문제들 때문에 원래의 계획에 큰 차질이 생겼지만 필자는 사업 때문에 한국에 다시 돌아 가야 한다는 생각에는 전혀 변함이 없었다. 한 가지 필자를 붙잡는 걱정은 가족이었다. 돌도 안 된 아기와 다섯 살, 네 살 연년생을 두고 가는 가장으로서 걱정 때문에 잠을 이루지 못했다. 어떻게 여기까지 왔는데……. 지금 생각하면 모든 것이 하나님께서 인도하신 것 같았다. 갈 준비를 끝내고 고민하던 차에 우연히 교회의 전단지를 보게 되었다.

같은 교회 전단지였지만 필자에게는 한줄기 희망 같은 것이었다. 목사관이라고 쓰여 있는 전화번호로 전화를 하였더니 사모님께서 전화를 받으셨다.

"안녕하십니까. 전 뉴질랜드에 일주일 전에 이민 왔고 저의 사업 때문에 토요일에 비행기를 타고 한국으로 가야 되는데 저희 아이들을 부탁드렸으면 좋겠습니다. 일요일에 시간이 되시면 저희 아이들과 아내를 교회로 데려가 주세요."

　얼마나 황당하셨을까? 지금 그 교회에 다니지만 그 사건은 교회 목사님이 새로운 이민자 신도에게 안심을 시키는 사례가 되었다. 일 년 후에 어떤 가정이 우연히 필자의 집을 방문하게 되었다. 그분들은 희한하게 필자의 가정이 묵었던 모텔 방에 정확하게 일 년 후에 묵었다. 그리고 필자가 다니는 교회에 출석하게 되었다고 한다. 그런데 교회에 출석한 첫 날 목사님에게 자기들의 힘든 사정을 이야기했더니 위로 차 목사님께서 이민 와서 제일 힘든 사례를 설명해 주셨다고 한다.

　그 사례인즉 어떤 가정이 갑자기 이민을 와서 남편이 사업 때문에 일주일만에 부인과 돌도 안 지난 아기와 세 살, 네 살 어린 아이 셋만을 이삿짐도 없는 임대 집만 얻어 주고 교회 목사 사모님께 전화를 해 아이들을 부탁한다고 하고 일주일 만에 한국으로 간 이야기를 하셨다고 한다. 그런 사람들도 있는데 하면서 위로를 하셨다고 한다. 필자의 이야기가 아닌가. 우린 그 분들

한테 이렇게 이야기했다.

"그 사람들이 저희에요."

한국에서는 교회가 절대적으로 필요가 없어서 시간 나면 일요일에 가는 곳이었다. 더군다나 결혼 후에는 교회에 가는 것이 참으로 힘들었는데 뉴질랜드로 와서 생존을 위해 교회를 다니게 되었다. 하나님께서는 이렇게라도 우리 가족을 당신의 사람으로 만드신 것이다.

어쨌든 필자가 한국으로 간 후에 마치 교회의 가족들이 피난민 수용소를 방문하듯이 필자의 가족들이 있는 곳을 방문해 주었다. 덕분에 아내와 아이들은 많은 사람의 보살핌으로 힘들었지만 필자가 올 때까지 무사히 지낼 수 있었다고 한다. 어려움을 함께 하는 것이 얼마나 소중한 것인가. 지금도 그분들에게 교회에서 만나면 감사하고 있다.

하나님께서는 운명을 만드시지만 운명의 선택은 사람들에게 맡기신다. 익은 과일을 기다리시듯이 성령이 충만한 마음을 기다리신다. 자유 의지에 의해 진정 하나님의 자녀가 되시길 바란다.

4장
뉴질랜드 자연에서 얻은 나그네 정신

1. 피아 해변의 나그네 정신

　뉴질랜드를 여행하다 보면 여러 군데를 가게 되는데 그 중에서 제일 인상 깊었던 곳은 피아 해변(Phia beach)이다. 영화 "피아노"에서 배경으로 나왔던 곳인데 여름만 되면 수많은 사람들이 서핑을 즐기러 온다. 수 많은 사람들이 아름답고 깨끗한 곳에서 서핑을 즐기는데 그런 장관이 없다. 사진을 보면 알 수 있듯이 정말 해변이 깨끗하다. 그런데 파도가 워낙 세게 몰아쳐서 가끔 사람들이 사고로 죽는다. 방송에서 구조 프로그램을 정기적으로 방영하여 많은 사람들에게 위험한 곳이라 알린다.

　필자도 한번은 지인과 낚시를 하기 위해 피아 해변으로 갔었다. 보통은 사진에 나와 있는 큰 바위 끝 난간 위에서 낚시를 하지만 엄청난 파도가 치는 곳이다. 가끔 그곳에서 사람들이 엄청난 파도에 휩쓸려 죽는다고 하여 다른 쪽으로 갔다. 그곳은 산을 넘어야 했다. 그래도 파도가 워낙 세게 치는 곳이라 위험한 것은 마찬가지였다. 정말 집채 만한 파도가 밀려 왔다. 그런 위험한 곳에서는 조심할 수밖에 없었다. 그런데 그만 미끼가 바위 끝 틈에 걸렸다. 그 미끼를 풀려고 내려가는 순간 집채 만한 파도가 덮쳤다. 조금만 빨리 내려갔어도 파도에 휩쓸릴 뻔 했다. 온통 옷이 바닷물에 젖었다. 휩쓸려 가면 사방이 바위가 있어서 올라오지 못 할 것 같았다. 더 위험한 것은 거대한 파도의 힘에 머리가 바위에 부딪히고 기절한다고 한다.

이런 위험한 것은 아랑곳하지 않고 수많은 청춘 남녀들은 서핑을 즐기러 피아 해변으로 몰려든다. 전 세계 수많은 젊은이들이 온다. 왜 그렇게 죽을지도 모르는데 바다로 빠지는 지 모를 일이다. 그러나 한 가지 확실한 것이 있다. 그 순간 그들은 즐겁다는 사실이다. 그들은 죽을 거라는 것을 생각하고 뛰어 드는 것이 아니라 인생을 즐기고 인생이 주는 참된 의미와 모험 정신을 가지고 파도로 뛰어든다. 집채 만한 파도가 밀려와도 두려워하지 않으며 오히려 그것을 즐긴다. 하나님께서 주신 나그네의 삶도 마찬가지이다. 나그네 같은 이민의 삶도 두려움보다는 즐기는 것이 중요하다. 거친 고난과 불평등의 파도가 와도 그 속으로 들어가 당당히 맞서는 것이 중요하다. 또 그것을 즐기는 것이 중요하다. 아무리 집채 만한 파도가 밀려와도 오히려 그것을 즐기고 파도와 동화되어 즐기는 것처럼 집채보다 더 큰 인종차별이 와도 오히려 그것을 즐기고 이민의 삶을 살아가야 한다.

성경에도 인종차별에 의해 죽을 각오로 사는 사람들의 이야기가 있다.

당신은 가서 수산에 있는 유다인을 다 모으고 나를 위하여 금식하되
밤낮 삼 일을 먹지도 말고 마시지도 마소서
나도 나의 시녀로 더불어 이렇게 금식한 후에
규례를 어기고 왕에게 나아가리니 죽으면 죽으리이다

에스더4:16

'죽으면 죽으리라'라고 이스라엘 민족을 구한 에스더 왕비는 아주 가냘픈 여자의 몸으로 몰살당할 뻔한 유다 민족을 구하였다. 작금은 에스더의 유다 민족처럼 직접적으로 위협을 가하는 것이 없지만 많은 위험 속에 살고 있다. 하나님께서 주신 이런 세상에 모험 정신을 가지고 나그네 같은 삶을 살아야 한다. 내일 '죽으면 죽으리라'라고 생각하면서 주님이 주신 인생을 최대한 즐겁게 살아야 한다. 이것이 나그네 정신이다.

그런데 이런 즐거운 기분은 바로 우리가 영원한 주님의 품 안에서 살 때 가능하다. 이 믿음의 터전 위에 살아야 한다. 하나님께서 주신 뜻을 성경 안에서 찾아야 한다. '죽으면 죽으리라'가 믿음 안에서 버티는 것이다. 포기하지 않는 것이다. 하나님의 백성들은 깡으로 버티는 것이 아니라 진정한 안위와 진정한 삶을 찾아야 한다. 원래부터 하나님께서는 인간들을 그렇게 만드셨다. 그런데 세상이 인간들을 두려움과 걱정으로 얽매이게 만들었다. 무전여행 같은 이민 생활에서 일어나는 걱정과 근심을 파도타기 하는 사람들처럼 즐기면 된다. 아무리 험한 파도가 밀려와도 파도를 타는 사람들은 스릴을 만끽한다. 많은 동서 고금의 역사에서 신대륙을 찾아 나선 이민자들도 어쩌면 이런 경험을 했을 지 모른다. 그들은 엄청난 파도와 맞서며 대륙을 건너가 신대륙을 개척해 나갔다. 그리고 그 대륙에서 자연과 짐승들과 싸우면서 정착하고 먹고 사는 것을 해결하였다. 또 다른 이민의 역사인 우리 이민자도 마찬가지이다. 이것이 하나님께서 주신 모험 정신이며 나그네 정신이다.

2. 번지 점프의 나그네 정신

뉴질랜드에서 또 제일 유명한 관광지로 번지 점프를 빼놓을 수가 없다. 107 쪽의 사진은 다리 위에서 찍은 사진이다. 이곳은 타우포(Taupo lake)라는 호수에서 나온 강 하류에 위치하고 있다. 정말로 많은 사람들이 뉴질랜드에 오면 꼭 들리는 곳이다. 많은 사람들이 줄을 서서 기다린다. 로프에 몸을 묶고 사진에 있는 물속으로 떨어진다. 왜 그런 위험한 것을 위해 장시간을 치고 기다리는 지 알 수가 없었다. 한 가지 그들이 믿는 것은 번지 점프가 안전하다는 것이다. 튼튼한 줄로 묶고 있어서 떨어져도 안전하다. 그리고 줄이 절대로 끊어 지지 않을 것이라 믿는다. 또 보이는 것처럼 물 위에 떨어질 경우 물 속에는 안 들어 가고 배가 대기하고 있다. 이것을 보고 안심한다.

마찬가지로 나그네 같은 이민자도 주님께서 주시는 믿음의 끈을 묶고 자녀가 되면 된다. 모험 정신으로 삶을 개척해야 한다. 그리고 두 팔을 벌려 아버지 하나님께서 계신 곳으로 떨어지면 된다. 절대로 믿음의 줄은 끊어지지 않는다. 그 믿음으로 안전하게 아버지 하나님의 배가 기다리는 곳으로 간다. 그곳이 천국이다.

> 너희가 다 믿음으로 말미암아
> 그리스도 예수 안에서 하나님의 아들이 되었으니
> 누구든지 그리스도와 합하기 위하여 세례를 받은 자는
> 그리스도로 옷 입었느니라
> 갈라디아서 3:26~27

그리스도의 옷을 입은 자는 번지 점프의 안전복과 같다. 믿음의 줄은 번지 점프의 끈과 같다. 아무나 하늘을 날며 아래의 물을 보면서 떨어지는 경험을 하지는 못한다. 하늘을 나르는 기분은 스스로 경험해 보지 않으면 그 짜릿함을 느낄 수가 없다. 오직 용기와 믿음을 가진 자만이 가능하다.

나그네적 삶을 사는 것은 이런 용기와 믿음이 필요하다. 이것이 소중한 추억과 기억을 갖게 한다. 그리고 하나님께 소중한 추억을 이야기한다. 하나님께서 잡아 주시는 끈에 의해 용기를 내어 본토를 떠난다. 이민 생활에서 만나는 모든 사람들에게 하나님의 영광을 보이러 떠난다. 위험이 있지만 마음은 하나님의 믿음의 끈 때문에 안전하다. 여행을 가든, 이민을 가든, 선교를 가든 안전하다. 만약 번지 점프에서 끈이 없다면 떨어지라고 하여도 떨어지지 않는다. 그런데 안전 끈과 안전 복을 입고 난 후에는 이것이 있는지 없는 지 생각하지 않고 떨어진다. 다만 떨어지는 스릴과 쾌감을 느낄 뿐이다. 당연히 끈은 안전하다는 믿음 때문에 의심하지 않는다. 마찬가지로 나그네적 삶으로 그리스도인이 믿음의 끈을 갖고 살아가면 그 끈이 있는지 없는지 매일 확인하지 않는다. 당연히 나그네를 안전하게 잡아 주실 것이라 믿는다. 그러기에

나그네 마음에는 평화가 있다. 이것이 나그네 정신이다.

매일 확인하는 것이 아니라 자녀의 관계가 된다. 하나님을 아버지라고 부른다. 예수님께서는 이것을 바라신다. 이러한 관계 속에는 영원히 변하지 않는 약속이라는 신뢰가 있다. 누가 하나님을 아버지라고 부르는 이유를 말하라 하면 그 이유를 말하는가. 그냥 하나님이 아버지인 것을 자녀가 느끼면 된다. 예수님께서 십자가의 보혈로 우리를 죄인에서 하나님의 자녀가 되게 만드셨다.

자녀는 머릿속에 무한한 능력의 아버지를 생각하고 있기 때문에 안심이 된다. 그러므로 자녀들은 자신 있게 무전여행을 하는 것이고 그 누구도 경험하지 못한 나그네적 삶을 살아간다. 남들이 갖지 못한 경험과 남들이 가지 못한 곳을 가는 선택받은 이민자들이라는 것을 안다. 그들은 예수님과 같이 살면서 행복한 삶을 말한다. 이것이 무전여행으로 떠나는 나그네 이민 생활의 관점이 되어야 한다. 그리스도에게 합한 자는 결국 나그네 같은 삶을 산다.

3. 유황 온천에서 뿜어 나오는 물줄기

사람들은 많은 자연을 보고 감탄한다. 그런데 하나님께서 만드신 장관 중에 제일 장엄한 것은 자연의 법칙을 깨는 현상이 일어날 때이다. 위에서 아래로 물이 내려오는 것이 아니라 땅속 아래에서 위로 물 같은 수증기가 거대한 기둥을 만들 때 정말로 장엄하다. 누군가 인공적으로 만들어 놓은 것이 아니라 자연적으로 수증기가 계속 뿜어 나오고 있다. 공원의 분수대처럼 솟아 나오는 물 줄기는 한 마디로 자연의 신비이다.

자연의 흐름을 깨는 이런 물줄기를 허락하신 하나님은 인간들에게도 같은 것을 허락하신 것 같다. 무전여행으로 떠나는 나그네 같은 인생을 살면서 무엇인가 평범한 인생을 깨는 열정을 바라신다. 나그네 같이 살면서 지나치는 사람들에게 무엇인가 하나님의 영광을 보이면서 열정을 표현하기를 바라신다. 그 표현이 바로 하나님에 대한 예배이며 삶의 방식이 된다. 마치 솟아오르는 물줄기처럼 하나님은 나그네의 열정을 보신다. 그리고 하나님께서는 물줄기에 무지개를 비추신다. 나그네같이 이민을 온 사람이 무엇을 비치겠는가 생각하지 않아도 하나님은 작은 열정에 무지개를 비추시고 반사를 통하여 다른 사람들에게 보이게 하신다.

뉴질랜드에서 제일 유명한 로토루아(Rotorua lake)라는 곳이 있다. 뉴질랜드로 관광을 오면 꼭 들리고 가야 하는 필수 코스 중에 하나다. 로토루아라는 도시에는 모텔과 호텔이 정말 많이 있다. 전 세계 민족들이 여러 가지 관광 상품인 유황 온천, 양털 쇼 등을 보러 온다. 그런데 이곳은 아주 오래전부터 뉴질랜드 원주민이 살고 있었던 곳이다. 뉴질랜드 원주민 마오리 족들은 여기서 몇백 년 전부터 살고 있었다. 이 지역 주변에 유황 냄새가 코를

진동하지만 그들은 자연을 숭배하면서 그들만의 문화를 만들었다.

그것 중에 독특한 것이 바로 항이라는 요리 방법이다. 유난히 화산 지역이고 온천 지역이라 땅에 음식을 파묻으면 자연적으로 요리가 익혀지기 때문에 시작된 방법이 아닐까 생각한다. 이것이 발전되어 불을 피워서 따뜻하게 한 다음 땅에 묻어서 익힌 요리를 먹는 것이 항이라는 요리이다. 필자도 그곳에 가서 요리를 시식했는데 음식 맛이 별미였다. 이렇게 아주 오래 전에 나그네 같이 왔다 간 마오리들도 자연이 주는 은혜를 받아들였다.

현재 나그네 같이 이민을 떠나거나 여행을 떠나는 사람들도 현지의 문화를 보면서 자연에서 무엇을 얻었는지 역사를 알아야 한다. 그들이 받은 것은 하나님께서 주신 역사인 것을 깨달아야 한다. 역사란 그분의 이야기이다. 하나님이 자연을 이용해서 문화를 이용해서, 왕조를 이용해서, 민족을 이용해서, 나라를 이용해서 만들어 낸 이야기가 바로 역사이다. 영어로 'History'를 보면 'His story' 그 분의 이야기인 것을 우리 나그네들은 알아야 한다.

4. 하늘을 나는 신혼 부부

　한번은 한국에 있는 처 조카가 신혼여행을 왔다. 유난히 장난끼가 많았던 조카로 기억되어 뉴질랜드에 오면 무엇을 보여 줄까 내심 고민을 많이 하였다. 공항에 도착한 신혼 부부는 이제 막 인생을 출발하는 사람들의 모습이었다.

　우선 근처 유명한 오클랜드의 화산 유적지 마운트 이든에 올라가 오클랜드 시내를 구경하게 하였다. 하루 이틀 정도의 스케줄을 필자의 가족과 같이 지내고 밤에는 시내에 있는 호텔로 보냈다. 그런데 이들의 그 다음날 스케줄이 여행사의 실수로 인해 호텔에서 데리고 가야 할 여행 직원이 그 신혼 부부만을 남긴 채 떠난 것이었다.

　나중에 이 사실을 안 신혼 부부는 이왕에 스케줄이 어긋난 것을 대신하여 오클랜드에서 가장 인상적인 것을 해 보기로 생각한 것 같다. 그래서 급하게 스케줄을 잡은 것이 스카이 다이빙이었다. 젊은 사람들은 생각이 모험적

이라지만 신혼 여행을 온 신혼 부부가 낙하산을 타고 하늘에서 떨어진다고 생각하니 아찔한 것이었다.

그리고 그들은 사진 촬영과 비디오 촬영을 해 달라고 하였다. 오클랜드 근교에서 그들은 비행기로 타고 하늘로 올라가 실제로 낙하산을 메고 안전 요원과 함께 각자 하늘을 날았다.

나중에 필자의 집에 들려 사진과 비디오를 보여 주었는데 정말로 아찔하였다. 젊은 사람들은 역시 무엇인가 다르다는 것을 느꼈다. 이 신혼 부부는 정말로 소중한 추억을 가진 것 같았다. 하늘을 날면서 세상에서 보지 못한 것을 보았을 것이다. 인생의 참 아름다움을 마음에 새겼다.

나그네같이 사는 사람들은 이런 모험으로 살아야 한다. 하늘을 날고 달까지 가고 우주를 향하는 인간의 꿈은 바로 이런 나그네 같은 모험 정신에서 온다.

남들이 안 한다고 할 때, 남들이 힘들다고 할 때, 모든 것이 평범한 것이라고 할 때 이것을 거부한다. 그리고 자기만의 표현과 고집, 그리고 모험 정신으로 나그네 같은 인생에서 삶을 즐긴다.

인생은 한 가지 믿음만 있으면 무엇이든지 할 수 있다. 예수님을 통하여 하나님이 이 세상을 살아가게 하는 자녀가 되게 하셨다. 이 믿음만 있으면 된다. 하나님의 자녀로서 바라보아야 한다. 살아가는 동안 우리를 지치게 하는 것들을 하늘에서 바라보아야 한다. 관계에, 돈에, 명예에, 욕심에 들러 싸여서 살아가는 것들을 하늘에서 바라보아야 한다. 하늘에서 바라보는 이 모든 것들은 한 점에 불과하다. 이것이 바로 하나님의 자녀가 되는 관점이다. 아마도 이 신혼 부부는 이 점을 보았을 것이고 어디를 가도 세상이 두렵지 않을 것이다. 모험 속에서 하나님께서는 다른 세상을 보여 주신다. 다른 세상에서 우리가 사는 세상을 바라보는 힘은 이 세상을 살아갈 때 커다란 힘이 된다. 그러면 세상을 이길 수 있는 힘이 생긴다. 이것이 천국을 소망하는 나그네 정신이다. 이 땅에 두 발을 딛고 살지만 마음은 천국에 있어야 한다. 하나님의 자녀인 나그네들은 한 점도 안 되는 세상의 것들에 흔들리지 않는다.

5장
무전여행으로 사는 이민 생활 속에서 일어난 일들

1. 아내의 역 질주 사건

　문화의 한 축을 설명하다 보면 그 기준이 있다. 뉴질랜드의 문화는 바로 오른쪽이 기준이다. 교차로를 통과하려면 오른쪽이 우선이다. 특히 라운드 형태의 교차로가 있어서 오른쪽에 차가 있으면 기다리다가 오른쪽에 차가 없을 경우 진입을 한다. 둥근 형태의 교차로는 영연방의 국가에서 볼 수 있는데 합리적인 교통 문화를 만들어 냈다.

　교차로가 혼잡하지 않으면 오른쪽이 우선이어서 차들이 질서 있게 둥근 교차로를 시계 방향으로 빠져 나간다. 이민자들에게 문화의 차이를 설명하다 보면 가장 문제가 되는 것이 교통의 문제이다. 어디든지 그런 교통의 문제 속에서 새로운 기준을 받아들이는 과정은 가장 힘들다.

　필자의 아내도 한국에서는 버스만 타고 다녔던 사람이었다. 어쩔 수 없이 대중 교통 문화가 발달되지 않은 뉴질랜드라는 나라에서 자동차 연수를 하는 것은 엄청난 부담이 되었다. 더군다나 시계 반대 방향에 익숙한 사람이어서 운전 면허를 받기까지 험난한 과정이었다. 자동차가 없으면 식료품을 사러 가지 못하였다. 이런 환경에서 자동차 면허는 필수 중에 필수였다.

그런데 이민 와서 하지 말아야 하는 몇 가지 불문율이 있었는데 그것은 절대로 아내에게 운전 면허를 가르치지 말라는 것이다. 그 이유는 이민 와서 아내에게 운전을 가르치다가 부부싸움으로 발전해서 실제로 이혼하는 사례도 있단다. 얼마나 슬픈 일인가? 부부가 화목하게 살아도 어려운 이민 생활인데 서로 마음의 상처를 주고 그것을 평생 안고 가야 하니…….

우린 돈이 없었다. 자동차 연수를 시킬 돈이 없었다. 아내에게 운전을 가르치는 일은 참 어려웠다. 돌을 막 지난 애를 뒤에 태우고 참 어려운 연수를 시작했다. 어느 정도 자동차가 없는 도로를 이용해서 기본부터 가르치기 시작하였다. 그리고 점점 능숙해지면서 일반 도로로 가기 시작했는데 아뿔싸 사건은 여기서 발단이 되었다. 라운드 형 교차로에 시계 방향으로 들어서야 하는데 갑자기 시계 반대 방향으로 들어서지 않는가? 역 질주를 하는 것과 마찬가지였다. 필자는 놀라서 소리를 버럭 본능적으로 지르고 말았다. 아내도 놀래고 필자도 놀랐다. 아내는 그 이후로 일주일 동안을 할 말만 하였다. 불문율이 괜히 있는 것이 아니구나 생각했다.

다행히 이러한 노력으로 아내는 운전 면허를 취득하였다. 제한 면허라는 것인데 밤 10시까지 운전을 할 수 있고 자기 가족만을 태울 수 있었다. 그리고 몇 년이 지난 후에 완전면허로 갱신할 수 있도록 하는 제도였다. 이 면허는 다른 가족도 태울 수 있었다. 여기서도 외국 문화의 한 단면을 볼 수 있다. 한국은 운전자가 운전 면허를 취득하였을 때 자동차의 종류로 구분하지만 여기서는 자기 가족과 다른 가족을 구분하여 자기 가족만을 태울 수 있는 면허를 준다. 물론 자동차로 구분을 하는 면허는 별도로 존재한다. 그러나 이러한 가족을 구분하는 문화는 한마디로 남을 배려하여 다른 사람이 피해를 입지 않도록 하는 서구 문화의 단면을 볼 수 있었다.

마찬가지로 아이들도 5살 이전 아이는 무조건 자동차 보호 좌석에 앉게 하여 어린아이를 보호하도록 규정되어 있다. 어른도 마찬가지로 안전 벨트를 반드시 매야 한다. 그렇지 않으면 어디선가 신고를 한다. 이런 규정을 어기지 않게 경각심을 심어 준다. 두 번째 임대 집에서 있을 때였다. 그 집은 학교에서 매우 가까워 걸어서 5분이면 도착하는 거리에 있었다. 아이들이 늦어서 빨리 데려다 줘야 한다는 생각으로 자동차에 애를 태우고 학교 앞 정문까지 태워 주었다. 그런데 다음주에 편지가 집으로 도착하였다. 안전 벨트를 착용하지 않아 선생님이 아이들을 통해 집으로 편지를 보냈다. 얼마나 창피한 일인가? 그것도 아이들의 손에 아빠의 잘못을 경고하는 편지를 들려 보냈으니 참 한심한 일이었다. 한국 사람의 적당주의가 문제다. 가까운데 안전 벨트를 매지 않고 다녀오면 아무 상관이 없다고 생각하는 그 자체가 잘못인 것이었다. 이런 것이 문화적인 차이 중에 하나였다.

어쨌든 운전 면허는 한국 사람이 이민 와서 넘어야 할 또 하나의 산이다. 더군다나 운전대가 반대인 나라는 얼마나 고생을 많이 하는지 이루 말할 수 없다. 운전 면허 시험이 필기시험을 보고 합격한 후에 실기 시험을 보는 것은 우리와 똑같다. 여기 필기시험이 영어로 되어 있다고 생각하겠지만 한국어를 선택하면 한국말로 된 필기시험을 볼 수 있다. 이민자를 위한 배려이고 또 하나의 실용적인 문화를 볼 수 있다.

주로 단기간 체류하는 사람들이 영어로 된 시험을 이해하고 그것을 습득한다는 것이 어렵다는 것을 여기 사람들은 안다. 그리고 그런 사람들은 차가 없으면 움직일 수 없다는 것도 안다. 운전면허 필기시험은 단지 교통 지식만을 이해한다면 운전이 가능하다고 판단하기 때문에 뉴질랜드는 필기시험을 한국말로 볼 수 있다. 창피한 일이지만 나는 필기시험을 턱걸이로 합격했다. 한국에서도 답만 외워서 턱걸이로 합격했는데 여기서도 답만 외워서 비슷한 것만 찍었더니 턱걸이로 합격이 되었다. 대학 입시보다 더 기뻤다. 문제는 실기시험이었다. 한국은 기능시험이 시험장 안에서 이루어지고 그것이 합격하면 실기로 실제 주행을 한다. 그런데 여기는 실기시험장이 없고 무조건 차를 끌고 나가 주행 감독관의 지시에 따라 주행 테스트를 한다. 주행이 끝나면 감독관이 마지막 종이 한 장을 준다. 다시 재시험 등록을 하게 하느냐 또는 운전면허증 발부 신청서에 필요한 서류를 주느냐에 따라 그날 운명이 결정된다. 솔직히 세 번을 떨어져서 이제는 당연히 재시험 등록증을 줄 것이라 생각했었다. 그런데 마지막 시험에서 불쌍해서인지 몇 가지 당부만 하고 운전면허증 신청서에 필요한 서류를 주는 것이 아닌가? 대학에 합격했을 때보다 더 기분이 좋았다.

2. Don't tell me think about

이민자라면 누구나 인종차별의 경험이 있으리라 생각한다. 인종 차별이 존재하는 것을 느낄 때 이민자는 어떻게 대처해야 할까? 마치 벽을 만지는 느낌이 들지만 기죽어서는 안 된다.

필자가 운전하면서 겪은 일을 소개하겠다. 비가 많이 오는 날이었다. 오클랜드 시내에서 북쪽 타카푸나로 가려면 어쩔 수 없이 하버(Harbor) 다리를 건너야 한다. 이 다리의 사진은 뉴질랜드를 소개할 때 가장 많이 등장한다. 일본 사람들이 이 다리를 만들었다고 한다. 그리고 그들이 조건을 걸었는데 일본의 중고차를 수입할 수 있게 하는 조건이었단다. 그리고 타카푸나 땅도 일본 사람들이 개발을 해서 비싸게 사고 다음에 홍콩과 중국 사람이 사고 그 다음에 한국 사람들이 마지막으로 집을 샀다고 한다. 일본 사람들이 얼마나 경제적인 사람들인가를 여기서 알 수 있다.

아무튼 이 다리를 건너고 있었다. 비가 많이 오는 저녁 시간이라 시야가 잘 안 보였지만 조심하고 다리를 따라 가고 있었다. 그런데 필자가 달리던 자동차 라인이 정체되어 서 있는 것이 아닌가? 할 수 없이 방향 등을 끼고 가운데 라인으로 들어서고 있었다. 그런데 가는 와중에 갑자기 뒤에서 꽝 하는 소리가 났다. 추돌 사고가 난 것이다. 일반 도로도 아니고 고속도로에서 그것도 다리 위에서 사고가 났으니 당황스러웠다. 내려서 상황을 보니 옆 라인에서 필자가 들어온 것을 보지 못하고 그 옆 라인으로 끼어든 것이었다. 순식간에 일어난 일이라 당황을 하였고 분명히 필자의 잘못이 아니라는 것을 확인하였다. 문제는 그때 일어났다. 끼어든 그 친구는 필자를 향해 소리를 치는 것이었다. 차를 빼서 고속도로를 벗어나 이야기하자는 것이었다. 고속도로 다리에서 추돌 사고가 나니 저녁 퇴근 시간에 난리가 난 것은 안 봐도 뻔한 일이었다. 할 수 없이 아무 조치도 없이 다리를 넘어가는데 아차 한 생각이 들었다. 사진을 찍을 걸⋯⋯. 만약에 자기 실수라고 안 하면 어쩌나 하면서 고속도로를 빠져 나와 한적한 외곽 도로로 나가 갓길에 정차하였다. 그리고 끼어든 상대방 차를 봤는데 상대방 차는 완전히 범퍼가 떨어진 상태였다.

아니나 다를까 그 사람의 이야기는 걸작이다. 필자의 실수니 자기는 보험 안 들었고 돈만 주면 없었던 일로 하겠다는 것이었다. 너무나 어이가 없었다. 예상대로 사진을 찍지 않은 것이 화근이었다. 이런 상황에 대비하여 가방 안에 사진기가 항상 있었는데⋯⋯.

그의 주장은 필자의 잘못이라고 하고 필자의 주장은 그 사람의 잘못이라고 하니 도저히 끝날 기미가 보이지 않았다. 그는 화가 나서 영어로 도저히 입에 담지 못할 소리까지 하는 것이었다. 필자는 무슨 이야기든지 영어로 자연스럽게 표현하지 못하였다. 그런 필자의 영어 실력에 욕을 어떻게 대처하는지에 대해서는 배우지 못한 것이었다. 그 사람은 도저히 안 되겠던지 어디엔가 전화를 하고 필자에게 경고를 하는 것이었다. '경찰을 부르면 다 밝혀

질 것이니 어떻게 할래' 라는 식이었다. 한마디로 경찰이 오면 너는 잡혀 간다는 식이었다.

이민자들은 항상 이런 상황에서 당황하게 된다. 경찰이 오면 어떻게 될지 몰라 그 자리에서 자기들이 손해를 감수한다. 한마디로 아무 잘못도 안 했는데 경찰을 부른다면 마치 죄지은 죄수인 양 한다.

필자는 도저히 어떻게 할 수 없는 상황에서 경찰을 부르니 잘되었다고 했다. 꼭 불러야 한다고 했다. 그러자 그 사람은 화를 내더니 경찰을 억지로 부르는 것이었다.

경찰이 왔다. 두 경찰이 와서 면허증을 검사하고 음주 측정을 필자만 하는 것이었다. 도저히 이해가 안 되었다. 왜 상대방 차는 안 하느냐고 했더니 하겠다고 말만하고 끝까지 하지 않는 것이었다. 그 자리에서 결과가 나왔다. 두 경찰이 내린 결과는 도저히 양쪽 말만 믿고 어느 한쪽이 옳다고 할 수 없다는 것이었다. 증거가 없으니 각자 차는 자기가 알아서 고치라는 것이었다. 필자의 차는 끌린 자국이 있고 상대방 차는 범퍼가 나갔는데 상식적으로 생각해 보라고 무수히 주장을 해도 경찰은 다음과 같이 말하였다.

"Don't tell me 'think about that.' "

필자가 계속 think about 이라고 이야기한 것을 가지고 경찰은 신경질 직으로 말했다. 어이가 없었다. 물론 사진이나 증인을 만들지 못한 필자의 잘못도 있지만 필자만 음주 측정을 한 처사는 도저히 용납이 가지 않았다.

무전여행을 하듯 살아가는 이민자는 이런 설움을 당할 때도 있다. 그러나 나그네같은 이민자가 바로 알아야 하는 것은 스스로 보호할 수 있는 부분은 보호해야 한다. 그리고 당당히 맞서야 한다. 이민 생활 속에서 일어나는 부당한 대우를 정정당당히 맞서야 된다. 이것이 무전여행 속에서 나그네 정신인 것을 결코 잊어서는 안 된다.

그리고 뉴질랜드 경찰들을 무서운 존재로 생각할 필요가 없다. 그들은 이민자를 보호하는 차원에서 모든 일을 한다. 그렇기 때문에 일부러 벽을 만들 필요는 없다. 겁먹을 필요도 없이 당당하게 자신의 주장을 해야 한다. 그래야만 당당하게 이민사회에서 주인이 되는 것이다.

3. Thank you very~ much,
Thank you very~ much

　반대로 필자가 현지인을 만나면서 즐거운 경험을 했던 이야기를 하겠다. 갑자기 물건을 살 일이 있어서 상가 주차장에 차를 주차시켰다. 한참 동안 물건을 사고 늦게 나왔다. 그런데 한 영국계 현지인이 다가와 차 좀 써도 되냐고 하는 것이 아닌가? 영어를 잘못 들었나 해서 귀를 의심하였다. 자초지종을 들어보니 필자의 차 바로 옆에 그 사람의 차가 주차되어 있는데 시동이 안 걸린다는 것이었다. 당황한 차 주인은 바로 옆에 주차한 필자가 물건을 사고 나올 때까지 옆에서 기다린 것이었다. 그리고 다가와서 미안하지만 필자의 차에 전기 충전지를 쓰겠다는 것이었다. 필자는 그렇게 어려운 일이 아니라 바로 차 앞 엔진 덮개를 열고 충전지를 보여 주고 쓸 수 있으면 쓰라고 하였다. 그런데 그 사람이 가져온 비상 충전 연결선이 길지가 않아 필자의 차 충전지에 연결이 안 되었다. 앞으로 나란히 주차 되어 있어서 반대로 하지 않으면 충전선이 닿지 않는 것이었다. 그 사람의 차는 구석진 곳에 있어서 움직일 수가 없었고 필자의 차도 반대로 주차할 수 없는 그런 상황이었다. 그 사람은 완전히 포기하고 비상 충전 연결선을 걷었다. 그리고 필자에게 그저 감사한다고 이야기하고는 당황한 모습으로 차로 돌아가고 있었다. 그 순간 조금씩 비가 내리기 시작하였다.

필자는 아무래도 이 사람들이 비가 오면 꼼짝달싹 하지 못할 것이라 예상되었다. 야외 주차장 구석이라 차를 빼기도 힘들게 되어 있었고 차 안에는 부인이 당황한 표정으로 여기저기 전화를 하고 있었다.

그 때 갑자기 필자의 차 트렁크에 충전 연결선이 있는 것을 깨달았다. 그 사람한테 잠깐만 기다리라고 하였다. 그들은 당황한 기색을 하고 필자의 반응을 보았다. 필자는 트렁크에 있는 필자의 비상 충전선과 그들이 가지고 있는 비상 충전선을 연결하여 필자의 차에 연결하였다. 길이가 두 배가 되니 필자의 자동차 전지와 연결이 되었고 시동이 걸렸다. 그리고 그 순간 소나기가 엄청나게 쏟아졌다. 필자는 온통 비를 맞았다. 그런데 그 사람들은 영어로 "당신은 너무 친절한 사람이군요." 라고 말하는 것이었다. 그러면서 "Thank you very~ much, Thank you very~ much." 연속으로 차 안에 있는 부인이 크게 말하는 것이었다. 비가 굵어져 각자 소나기를 피해 필자는 차 안으로 들어갔다. 필자한테 그 두 사람이 또 다른 무슨 말을 하는 것 같았다. 필자는 손을 흔들고 그냥 모른 체하면서 주차장에서 차를 빼고 다른 행선지로 갔다.

분명 그 사람들은 동양인을 친절한 사람이라고 생각할 것이다. 그리고 누군가에게 동양인이 참 친절하다고 이야기할 것이다. 이것이 우리 이민자들이 할 일이 아닌가? 비가 오는 날 비 맞으면서 비상 충전선을 두 개로 연결한 낯선 이민자 동양인을 생각할 것이다. 필자는 그날의 일만 생각하면 즐거웠다.

분명 나그네 같은 이민자의 삶도 두 개의 비상 충전선처럼 필요할 때 서로

도와줄 수 있어야 한다. 다른 이민자들이 힘들어하면서 비상 충전선을 내밀 때 또 다른 비상 충전선이 되어 주어야 되지 않을까 생각해 본다.

필자는 개인적으로 그것이 하나님께서 주신 성령의 원리라 본다. 누군가에게 부족한 비상 충전선에 자기의 비상 충전선을 연결하여 시동을 걸게 한 느낌은 마치 성령을 전달한 것과 같이 매우 기쁘다. 누군가가 힘들어할 때 하나님의 성령에 접근하는 방법을 알려 주었으면 한다. 만약 그가 하나님의 사랑이 있는 성령에 가기 모자란 부분이 있다면 우리가 채워 주어야 한다. 그렇게 하여 하나님의 사랑이 전달되었다면 자동차가 다시 움직이듯이 성령이 그 안에서 역사할 것이다. 필자가 이 이야기를 소개하는 이유는 여기에 있다. 사람들은 전부 어려움을 당할 때 그 사람들의 방법으로 어려움을 해결하려고 한다. 누군가가 도움을 주지 않으면 해결하지 못하는 방법까지도 힘들어하면서 살아간다. 그때 나그네 이민자들은 서로를 도와주고 감싸야 한다. 그리고 성령 하나님이 있다는 것을 그들에게 알려야 한다. 만약 그들에게 하나님의 성령이 임하면 그 모든 어려운 것을 스스로 이겨낼 수 있다. 자동차가 혼자서 가듯이 말이다. 서로 모자란 것을 알고 채우는 것이 나그네 정신이다. 이런 나그네 정신을 알려 준다면 분명 그들은 다시 움직일 것이다.

4. 할아버지를 살리는 힘

필자가 아는 사람이 인공호흡을 통해 쓰러진 현지 노인을 살렸다고 한다. 그 후 어느 날, 사업장에서 일을 하고 있는데 갑자기 경찰이 자기 이름을 부르며 할 이야기가 있으니 잠깐 나가자고 하더란다. 조금 놀랬지만 밖에 나가서 자초지종을 들어 보니 경찰이 온 이유는 그 할아버지가 감사한 마음에 그 사람을 찾아 달라고 경찰에 전화를 한 것이었다. 아무런 보상도 바라지 않은 그 사람은 감사한 마음만 받았다고 한다.

사람이 살다 보면 자기의 눈앞에서 어떤 사람이 죽어 가든, 힘들어 하든, 어려운 경우를 당하는 일들이 많이 있다. 그런 상황에서 사람들은 모른 체하거나 자기에게 해가 가지 않는 범위에서 이 사람들을 그냥 지나친다.

예수님의 사마리아인의 비유가 생각이 난다. 약한 자는 약한 자의 마음을 안다. 천대 받았던 사람은 천대 받은 사람의 마음을 안다. 불쌍했던 사람은 불쌍한 사람의 마음을 안다. 사마리아인은 누구인가? 이스라엘 사람들

에게 천대 받은 사람들이었다. 천대 받은 사람이 길가에 쓰러져 있는 사람을 구한 것이다.

나그네 같은 이민자들도 어쩌면 사마리안인처럼 주류의 이민사회로부터 천대를 받는 사람들일 수 있다. 예수님의 비유가 바로 이민자들일 수도 있다는 것을 알아야 한다.

나그네같은 이민자로 살아가는 이 나라에서는 이민자가 그들을 적극적으로 도와야 한다. 그들을 돕기 위해 이민자로 온 것이지 그들의 도움을 받기 위해 온 것이 아니다. 이민자들은 이런 생각을 가지고 이 사회에 적극적으로 동참해야 한다. 누가 알아 주기를 바라는 마음으로 해선 안 된다. 그것은 그 선한 행동을 희석시키는 일이다.

필자의 교회에서 지역 봉사를 위해 쇼핑몰 근처의 쓰레기를 청소했었다고 한다. 그들의 이야기를 들으며 참 적극적으로 이 사회를 돕는구나 하고 생각했다. 지나가는 사람들이 돈을 받았다고 생각을 하든 말든 상관없다. 이 사회를 돕기 위해 이민을 왔다고 생각해야 한다. 그때 이민자들은 주인이 되고 도움을 받는 처지가 아님을 알게 된다.

기존의 상권을 가지고 있는 사람들이나 기존의 삶을 영위하는 현지인들은 모른다. 외지에서 온 이민자들이 얼마나 도움이 되는지……. 고정되어 있는 시각을 바꾸고 그 사회의 윤활유 역할을 이민자들이 한다. 당당하게 그 사회의 구성원의 하나이자 주인으로 살아야 한다.

6장
무전여행 속에 가족의 안부를 위한 기도

1. 가족의 사망 소식

무전여행을 하다 보면 다른 가족의 소식 때문에 안절부절할 때가 있다. 그럴 때는 오직 기도밖에 방법이 없다. 거기에 더 기막힌 것은 가족의 사망 소식에도 어쩔 수 없이 무전여행을 계속할 수밖에 없다는 사실이다. 이민 생활을 하다 보면 서러운 마음과 깊은 슬픔이 가슴에 저며 올 때가 있다. 보고 싶은 가족이 같은 하늘 아래 살고 있지 않다는 생각을 할 때 왠지 인생이 슬퍼진다. 그러나 이것은 인간이 하나님을 닮아 인생이 마치 영원할 것이라는 생각을 가지고 있기 때문이다. 언젠가 헤어져야 하는 가족을 영원한 인생의 한 부분이라 생각한다. 그때마다 나그네 같은 이민자들은 돌아가신 가족을 위해 기도를 해야 한다. 하나님께서는 천국에서도 그 기도를 들어 주신다.

필자의 큰 형님이 그랬다. 동생들 학비 때문에 실업계 고등학교에 들어가시고 결국 각고의 노력 끝에 대학교를 졸업하시고 대기업에 다니셨던 분이었다. 동생들을 위해 일생을 희생하시면서 사신 큰 형님이 췌장암에 걸리셨는데 수술이 안 된다는 것이었다. 처음에 필자가 그 소식을 들었을 때는 충격이 이만저만이 아니었다. 이민 와서 큰 형님과 떨어져 있는 동생으로서 할 수 있는 모든 것을 다 해 보았다. 뉴질랜드에서 돈에 관계없이 좋은 약은 모두 다 조사해 보고 암에 좋은 약을 골라서 형님한테 보냈다. 그 동안 큰 형님과 하던 일이 있어서 계속 큰 형님과 연락을 했다.

필자의 일이 바빠지면서 제대로 연락도 못 드렸다. 점점 큰 형님의 전화 목소리가 기운이 없어짐을 알았다. 일마저 포기하시고 병원에 입원하셨다가 수술이 안 되어 퇴원하셨다.

필자가 전화하는 것이 동생이 할 수 있는 모든 것이라는 사실 때문에 얼마나 마음이 아팠는지 모른다. 큰 형님께서는 괜찮다고 계속 이야기하셨지만 아픔은 점점 더해 가시는 것 같았다.

"형님 좀 살려 주세요."

매일 기도를 드렸다. 형님께서 약이 떨어졌다고 하셔서 약을 보내고 며칠 사이에 도착할 것이니 기다리라고 전화를 했다. 그리고 필자의 아버님과 통화를 했다. 무슨 말씀을 하신 것 같은데 형님의 목소리 때문에 정신이 없어 바로 끊었다.

그리고 큰 형님 친구에게 전화를 하여 가 보시라고 하고 연락을 했다. 그것이 마지막 통화가 될 줄 이 못난 동생은 몰랐다. 갑자기 일이 생겨 며칠 동안 연락을 못했다. 며칠 뒤에 형님이 상태가 좋아지길 바라며 한국에 전화를 걸었다.

그런데 큰 형님께서 돌아가셨단다. 이미 3일장도 끝났단다. 마지막으로 전화를 한 날 하나님의 품으로 가셨다고 한다. 필자는 충격에 빠져 아버님과 통화를 하면서 왜 연락을 안 하였느냐고 하였더니 아버님은 마지막 통화했을 때 이미 큰 형님이 돌아가실 거라고 이야기하셨다는 것이었다. 아버지께서는 막내가 오지 못하는 것을 배려하신 것 같았다. 바빠서 외국에서 큰 형님의 장례식에도 가지 못한 그런 못난 동생이 되어 버린 것이었다. 필자의 충격은 너무나 컸다. 그 소식을 들은 날은 멍한 상태로 몇 시간을 엉엉 울었다. 필자의 모든 일은 정지되었다. 무려 3개월 동안 아무 일도 할 수 없었다.

필자를 너무 슬프게 한 것은 필자가 일이 바빠 연락을 못했을 때 마지막으로 보낸 큰 형님의 메일이다.

> "어떻게 된 거니 전화도 안 되고, CID는 잘 받은 거니,
>
> 무슨 얘기를 해야 도움을 줄 거 아니야, 별일 없는 거지?
>
> USB 드라이브 프로그램을 보내니 한 번 해 보고 안 되면 전화해라.
>
> 받아 보고 전화해라,
>
> 자주 연락하다가 안 하니 걱정되잖아 동생아,
>
> 이만 한다.

이메일을 나중에 확인하고 정말로 슬펐다. 그래서 형님한테 답장을 쓰기로 했다. 이 답장을 받는 주소는 하나님의 나라 천국이다.

> 큰 형님!
>
> 하나님과 함께 천국에 있으리라 믿고
>
> 이 답장 보냅니다.
>
> 가끔 큰 형님이 한국에 없다는 것이 믿어지지 않아요.
>
> 제가 한국에 가면 공항에 꼭 나오실 것 같은데
>
> 막내 동생 보고 싶으면
>
> 정말로 공항에 나오실 수 없는지요!

큰 형님!

인생이 무엇인데 이렇게 막내 동생은 못나게 사는지 모르겠습니다!

살아 계실 때 자주 연락 못 드려 죄송해요.

막내 동생 이민 생활이 너무 힘들어서 그랬나 봐요.

어머니 돌아가시고

형님마저 돌아가시니

아버님께서는 어떠실까?

하나님을 아시면 좋을 텐데…….

형이 어떻게 힘 좀 써 주세요.

참 형이 있는 성당 묘지도 이 못난 동생은 아직도 못 가 봤어요.

그리고 못난 동생한테도 천국에서 힘 좀 써 주세요.

성령님이 내게서 떠나지 않게 붙들어 줘야 돼요.

형님이 천국에 먼저 갔으니

어머니도 만났겠네.

못난 막내 아들이

너무나 보고 싶어한다고 전해 줘요.

병원에서 십자가 지시고 돌아가신 것이 눈에 선하네요.

형님을 닮은 조카 우리 집에 왔다 갔어요.

많이 컸더라.

한국에서 아버님도 막내 아들 집에 왔다 갔어요.

교회에 억지로 모시고 갔는데

끝내 한국에서 교회를 가시겠다는 말씀은 안 하시는데

큰 형이 잘 좀 해봐요.

정말로 보고 싶다.

큰형, 쑥스럽지만 정말로 정말로 사랑해요.

천국에서 다시 만나자 형.

이민 간 막내 동생이.

2. 가족과의 생이별

이민 생활에서 살아 있는 가족과의 생이별은 어떤 것을 감수하고 온 이민자들에게는 참 슬픈 일이다. 한국에서 말하는 기러기 아빠도 그러한 예다. 돌아가신 형님도 그리워 충격을 받았건만 살아 있는 가족과의 애환은 말할수 없이 많다. 살아 있는 것은 누구를 그리워하는 것이다. 그것이 인간이 존재하는 이유이다. 사람의 일생을 보면 무엇인가를 그리워하면서 살아가고 있다. 태어나서는 엄마의 품이 그립고, 성장해서는 부모의 품이 그립고, 장년이 되서는 친구들이 그립다. 그런데 나그네 같은 이민자들이 평생을 그리워하는 분이 있어야 한다. 그것은 살아 계신 예수님이시다. 그리움이 소망이 되고 그 소망이 나그네의 힘이 된다.

그런데 가끔 나그네 같은 이민자들에게는 가족에 대한 그리움이 아픔이된다. 엄마, 아빠의 이혼을 통해 겪는 가족의 생이별도 마찬가지이다. 먹고 사는 문제를 현지 이민 사회에서 해결하지 못해 아빠는 돈을 벌기 위해 한국에 있을 때도 마찬가지이다. 엄마는 아이들의 교육을 위해 멀리 떨어져 있는 상황은 나그네 같은 인생을 그리움으로 더 절실하게 만든다.

　필자의 기러기 아빠 체험은 짧았지만 3년 이상, 10년 이상 하신 분도 있다고 한다. 얼마나 많은 통화를 한국에서 뉴질랜드로 했을 것이며 얼마나 많은 대화를, 걱정을, 기쁨을, 슬픔을 전화로 나누었을까. 그것은 상상을 뛰어넘는다.

　많은 애환을 받지만 2세대를 넘는 사랑의 이야기가 있어 여기에 적어 본다. 어느 날 한국에서 할아버지와 할머니가 이민자의 가정을 방문하였다. 물론 손자들을 보기 위해서 그분들은 멀리까지 고생을 마다하지 않고 오셨다. 손자는 이미 한국에서부터 응석받이로 컸기 때문에 할머니가 와도 잘 놀아주지도 않고 투정만 부렸다. 어느 날 손자는 심하게 꾸중하는 할머니에게 대들었고 그 할머니는 그런 손자를 그래도 예뻐했다. 할머니와 할아버지는 한국에 일이 있어 며칠 후에 한국으로 가셨다. 그런 할머니께서 갑자기 돌아가셨다고 한다.

　이 소식을 들은 손자는 충격을 받고 가출을 하였다. 손자가 생전에 할머니한테 마지막으로 보인 모습은 화를 내서 대들었던 것이다. 이것 때문에 심한 정신적 충격을 받았다. 손자는 너무나 큰 상실감을 느꼈다. 시간이 지나 손자는 다시 제자리로 돌아왔지만 평생에 지워지지 못할 가족의 사랑을 느끼고 살아갈 것이다. 할머니를 그리워하면서 말이다.

　그리움은 나그네들이 겪는 가장 견디기 힘든 어려움이다. 원래 그리움은 천국으로 향해야 한다. 하나님께서는 사람을 만들고 세상에서 천국으로 다시 오기를 기다리신다. 그렇기 때문에 사람의 본향은 천국이다. 본향을 그리워하는 것이 이 세상에 있지 않고 천국에 있기 때문에 나그네가 된다. 그래서 이민자들은 타국땅에 와도 본향을 향하고 있어야 한다. 그러나 나그네들은 무엇인가를 이 세상에 남긴다. 나그네 같은 이민자들이 천국으로 떠날 때 후세들에겐 그리움이 남는다. 나그네들은 후세들에게 본향 천국에 대해 가르쳐야 한다. 후세가 본향을 똑바로 볼 수 있도록 해야 한다. 필자도 후세들과 그리워하는 분들에게 몇 자 적어 본다.

3. 무전여행을 하는 나그네의 유언장

많은 사람들이 현재 가족의 소중함을 잘 모른다. 그런데 가족의 소중함을 알게 하는 것이 있으니 바로 유언장을 쓰는 것이다. 인생의 마지막에 쓰는 유언장을 가족들에게 생활하면서 쓰는 것은 어찌 보면 그 인생의 소중함을 더욱 절실하게 느끼게 된다. 빈털털이 무전여행 같은 나그네 인생에서 하나님께서는 가족을 주시고 삶에 활력을 주신다.

그 소중함을 유언장으로 남겼으면 한다. 필자도 같은 의미로 유언장을 썼다. 이것을 쓴 후에 많은 생각을 하였다. 정말 나그네같이 사는 인생에서 무엇이 중요한 지를 알게 되었다.

전장에서 죽은 사람은 유언장을 못쓰고 참호 속에서 죽는데 나는 이미 여러분의 사랑과 행복을 같이하고 하나님이 주신 가족과 같이 살면서 이 글을 쓰니 너무나 감사하다. 지금은 하나님을 아는 모든 삶은 선물이라 생각하며 살아가고 있다. 이런 유언장을 쓰는 것보다 감사의 편지를 쓰는 것이 나을 것이라 생각하여 몇 자 적어 본다.

사랑하는 나의 가족과 내가 사랑하는 모든 사랑에게

사랑하는 아내에게

나의 인생의 축복이 무엇인가 생각해 보면 바로 너를 만난 것이 아닐까 생각한

다. 결혼하여 살아오면서 고생하는 모습을 볼 때면 얼마나 안쓰럽던지 아이들이

커 가면서 우리의 행복도 같이 자라 가고 있다고 생각했다. 고맙고 미안하다. 그

리고 사랑한다. 모든 것을 다 잃어도 하나님과 가족만 나에게 있다면 나는 행복

한 남자인 것을 나에게 알려 준 너에게 감사한다.

사랑하는 첫째 아들아!

네가 태어난 날은 인생에서 제일 신기한 날이었다. 너의 재능을 이 세상을 살아가는 힘든 사람들을 위해 사용하거라. 여유를 갖도록 또 하나님의 마음을 항상 갖고 있도록 너의 마음과 몸을 다하여 노력하거라. 그러면 모든 너의 후세들이 너의 이름을 기억할 것이다.

사랑하는 둘째 아들아!

너의 마음에는 항상 자연을 생각하고 죽어 가는 곤충들을 만지면서 안타까워하는 모습이 하나님의 마음을 닮았다고 생각했다. 너의 마음이 항상 그대로 예수님처럼 살아갈 수 있도록 노력하거라. 또 하나님이 주신 너의 재능 중에는 많은 귀중한 것이 있다. 그것을 개발하고 능력을 집중시키거라. 그러면 너의 인생에는 항상 축복이 떠나지 않을 것이다. 후세들이 너의 이름을 기억할 것이다.

사랑하는 딸아!

나의 외동딸을 보면 나에게는 청량제처럼 세상이 힘들어도 이길 수 있는 힘이 되었다. 너는 앞으로 너에게 주어진 인생을 담대히 살아가거라.. 그리고 너의 주변에 있는 사람들한테 하나님의 마음을 전하고 행복과 평안을 건네 주거라..

사랑하는 아버지!

그저 어디서든지 건강만 하면 된다는 아버님의 전화 말씀이 매일 제 귀에 맴돕니다. 힘드신 것 아는데, 전화하면 괜찮다고 우리 건강을 먼저 챙기시는 아버지, 사랑합니다. 오직 하나 제가 소원이 있다면 아버지가 하나님을 아셨으면 좋겠습니다. 하나님께서는 살아 계십니다. 저의 인생을 다듬어 주시고 아버님한테도 하나님을 알게 하라 하십니다. 꼭 근처의 교회에 나가 보셔서 예수님을 만나 보세요. 그리고 영생을 얻으세요.

사랑하는 나의 친구들아!

나는 여기서 열심히 아이 셋을 키우고 또 어려운 이민 생활을 하면서 매일 하나님께서 살아 계신다는 것을 느꼈다. 이것이 너무 행복했었다. 운전석이 반대라 처음에는 거꾸로 역주행도 하고 많은 고생을 하면서 정신 없이 살았다. 그런데 어느 날 아내가 빌려 온 동창 찾는 비디오를 보니 그리운 친구들이 한없이 보고 싶더구나.

나는 가끔 피곤하거나 힘들 때 해변가 나무 밑에 누워서 하늘을 본다. 그리고 하나님께 기도 드리면서 명상에 잠기면 피로와 걱정이 풀리더구나. 너희들도 하늘을 보면서 이 자연을 만든 하나님도 있다는 것을 잊지 말아라. 그리고 남태평양 바닷가 잔디밭에 누워 있다고 생각해 봐라. 피로와 걱정이 가실 것이다.

그리고 성령이 있음을 너의 마음속에서 같이 호흡하고 숨쉬어 보아라. 바쁘게 사는 것도 좋지만 가끔 하늘을 보고 사는 것도 좋지 않겠냐? 전 세계 오대양 육대주를 누비는 친구들이 되기를 기원하고 하나님의 축복이 너희들 가정 가정마다 충만하기를 빈다. 다들 건강해라.

인생은 하나님이 수놓은 대로 가야 된다.

온몸을 다해 피 흘러신 그 분께서는 온 세상에 사랑을 수놓으셨다.

네가 거기에 바늘 한 올이 되어 있기를 바란다.

영광의 주 예수님께 제 인생을 바칩니다.

보잘것 없는 인생

받아 주시고 당신의 도구로 저를 사용하옵소서.

어떤 뜻이든 제가 받게 하옵시고

매일 감사한 삶을 살게 하소서

저의 걱정이 당신의 사랑 때문에 넓어짐을

감사 드립니다.

7장
무전여행 같은 이민 생활 속에서 아이들의 삶

1. 호주·뉴질랜드의 아이들과 한국의 아이들의 차이

여행을 하다 보면 가족들과 값진 경험을 할 때가 있다. 그것은 아이들의 여행 경험이다. 사실 어른들은 잘 모른다. 이미 어른들은 많은 세상을 구경하고 많은 곳에 가 보았다. 신기한 곳에 가도 그런 것이 있나 보다 한다. 그러나 아이들은 틀리다. 그들의 눈은 모든 것이 처음이며 경이로운 세계가 펼쳐진다.

그런 의미에서 뉴질랜드의 아이들은 참으로 행복한 것 같다. 넓은 잔디밭에서 깨끗한 자연에서 마음대로 자기가 하고 싶어하는 것들을 한다. 태평양의 해변가가 지척에 놓여 있어서 언제라도 갈 수 있다. 해변가 모래 사장에서 마음대로 꿈꾸었던 것을 만든다. 시간이 가는 줄도 모르고 아이들은 아름다운 해변에서 뛰어 논다. 그리고 학교를 3시에 마치고 부모들이 픽업을 하면 그때부터 아이들은 자유다. 아이들은 좀더 많은 자유 시간을 가진다. 학교 수업을 해도 여행을 하는 등 자유 분방하게 부담이 없이 자연스럽게 생활하고 있다.

그런데 한국에 비하면 참 어린아이들이 아이들답게 살아가는 것이 아닌가 생각해 본다. 그도 그럴 것이 여기저기 한국에서 유학 온 아이들의 이야기를 들어 보면 상상을 초월한다. 아이들이 아침 7시에 나가서 밤 11시에 집에 들어온다. 매일 학원에서 공부하느라 수업 시간에는 조는 아이들이 많다고 한다. 아무리 아이들이 많아서 경쟁이 심하다고 하지만 적어도 아이들은 아이들다워야 한다. 아이들에게 어른의 사고로 감당키 어려운 공부나 경쟁을 위한 공부를 시킨다면 그 아이들이 과연 커서 인생을 어떤 시각으로 볼 것인지 참 걱정이 된다.

통계에 의하면 간암의 70% 이상이 아시아에서 발생하고 그 아시아에서 90% 이상이 한국에서 발생한다고 한다. 그것도 젊은 나이에 간암으로 죽는 사람들이 많이 있다. 왜 그럴까? 면면히 들여다 보면 사람들이 생각하기에는 흡연과 술 때문이라고 생각하지만 그것은 일부분에 지나지 않는다. 간이 하는 역할은 모든 방어 체계를 제어하는 중추 기능을 담당한다. 그러나 과도한 스트레스를 가지면 간이 제 기능을 발휘 못하고 쉽게 망가진다고 한다. 어린 나이부터 과도한 숙제와 공부와 시험으로부터 스트레스를 받으니 간이 커서 제대로 역할을 못한다. 그리고 어른이 돼서 술과 담배로 과중한 업무로 허약해진 간은 점점 더 죽어 갈 수밖에 없다. 아마도 필자도 그랬을 것이다. 얼마나 인생을 행복하게 살려고 하는지 알 수가 없다. 그렇다고 무전여행 같은 이민 생활이 스트레스 없는 생활이라고 할 수 없다. 마찬가지이지만 한 가지 분명한 것은 여기서는 아이들이 아이들답게 살아간다.

하나님께서는 사람들에게 분명한 세상을 이기는 진리를 주셨다. 사탄의 계략에 넘어가지 말고 세상을 이기기를 원하신다. 그리고 하나님께서 만드신 것들에 대해 무엇인가 배우기를 원하신다. 그것은 호기심, 개척 정신을 통해

예수님의 탄생의 비밀을 알게 하신다. 그리고 그분께서 우리의 죄를 감당하시기 위해 돌아가신 것을 알아야 한다. 나그네가 마음만 먹고 믿음을 가지면 영원한 천국의 삶을 누릴 수 있다는 좋은 소식을 접하게 된다. 그런 소망이 있을 때 나그네의 마음속에 천국의 평화가 미리 올 수 있다.

그러나 세상은 점점 더 천국과 거리가 멀어져 가고 있는 것 같다. 이런 현상은 어른보다는 아이들이 당하는 고통을 보면 알 수 있다. 예수님이 성경에서도 말씀하셨다.

"아이들이 내게로 오는 것을 막지 말라."

이 세상에 있는 어떤 사람들보다도 더 죄가 없고 천국의 사람들과 가까운 것이 아이들이다. 그런 아이들이 고통을 당하고 있다. 따돌림, 담배, 온

갖 음란 게임과 세상의 경쟁을 어린아이들에게 고스란히 어른들이 물려 주고 있다. 초등학교 아이들이 자살한다는 것은 한국 사회에선 이미 보편화 되어 놀랄 일도 아니다. 이 얼마나 안타까운 일이 아닌가. 특히 부모들이 동반 자살을 하면서 아이들과 같이 죽는다. 농약을 먹이고 같이 죽는다든가 또는 칼로 죽이고 같이 죽는데 부모만 살아 남는다든가 이루 형용할 수 없는 잔인한 소식이 뉴스를 장식한다. 그 잔인한 방법은 헤아릴 수 없다. 사탄의 악이 넘칠 정도로 부모가 아이들을 죽이고 동반 자살을 한다. 부모들은 아이들이 부모의 소유라 생각한다. 그리고 실패한 부모처럼 이 세상에 버려질 것을 생각해 같이 죽는 게 낫다고 생각한다.

과연 하나님은 이것을 용납하실까. 생각해 보라. 어른들에게 맡겨진 아이들은 어른들 마음대로 하는 것이 아니라 하나님의 뜻으로 키워야 한다. 아이들은 하나님의 뜻으로 자연스럽게 나무처럼 커야 된다. 기성 세대는 아이들의 권리를 막을 권한이 없다. 어린아이는 어린아이처럼 키워야 한다. 그들에게 밤늦게까지 봉고차를 타게 하고 밤이슬을 맞게 하면 하나님의 진노가 임할 수 있다는 것을 명심해야 한다. 그들의 건강으로 말이다. 아이들의 간은 학교로 도서관으로 학원으로 스트레스를 받아 서서히 제 기능이 상실되어 가고 있다. 아이들은 어른들의 다음 세대다. 만약 아이들의 건강이 안 좋아지거나 약해지면 다음 세대가 무너진다. 한국의 경쟁력은 다음 세대에 있는데 한국의 부모들은 그들의 실력 공부에 경쟁력이 있다고 생각한다. 그래서 아이들의 정서와 건강의 경쟁력은 생각하지 않는다. 정말로 아이들에게 중요한 것은 정서이며 건강이다.

아무리 영어를 잘하고 건강이 안 좋으면 무슨 소용이 있는가. 아무리 공부를 잘하다가 자살하면 무슨 소용이 있는가. 다음 세대는 하나님의 뜻으로 키워야 한다. 공부가 중요한 것이 아니라 아이들의 정서가 중요하다. 건강이 중요하다. 그러면 어떻게 키워야 하나님의 뜻이 되는가. 바로 아이들이 아이들다워야 하고 각각의 개성과 꿈과 희망을 키워 주어야 한다. 학력이 중요한 세상에서 어려운 이야기이지만 그것이 아이들을 어른들에게 맡긴 하나님의 뜻이 된다.

마치 이 시대는 우물 안과 같다. 아무리 영어나 공부로 국제 수준을 맞춘다고 하지만 아이들의 정서와 건강은 국제 수준을 생각하지 않는다. 우물 안의 개구리들은 옆에서 울면 같이 운다. 옆집 부모들이 매일 밤 늦게 학원을 다니면 우리 집 아이들을 생각하며 불안해한다. 무엇인가를 해야 될 것 같고 자기 아이들도 공부가 떨어진다고 생각한다. 그리고 자기 아이들도 밤늦게 학원에 보낸다. 우물 안에서 나와 아이들답게 아이들을 키워야 한다.

2. 뉴질랜드의 학교에서 가르치는 것

모두 다 우물 안에서 나와야 한다. 그리고 학교에서 공부를 시키고 학교에서 모든 것을 해야 한다. 사회가 변해야 하며 공교육이 변해야 한다. 국내에서 경쟁하는 것을 해외에서 경쟁하게 하고 해외에서 생각하는 우수한 교육 문화를 수입해야 한다.

그런 면에서 뉴질랜드는 본받을 점이 많다. 뉴질랜드 교육정책의 기본이념은 '교육을 통한 기회의 균등'으로 수준 높은 교육을 실시한다. 한마디로 전인교육을 지향한다. 뉴질랜드의 우수한 교육제도는 국제적으로 인정받고 있다. 이러한 교육의 결과는 세계의 유수한 대학과 뉴질랜드의 대학이 어깨를 나란히 하는 것으로 입증되고 있다. 단순 지식 위주의 주입식 교육이 아니라 개인의 창의력과 논리력 및 사고력을 중시하는 영국식 교육을 바탕으로 스스로 지식에 흥미롭게 사고하고 원리를 터득하도록 하는 자율적 학습 방법은 학년이 올라갈수록 문제 해결 능력과 학습능력을 키워 준다.

둘째 아이가 초등학교에서 선생님과 인터뷰를 할 때였다. 숙제로 관심이 있는 분야를 선택하게 하여 그것이 왜 이루어졌는지 스스로 생각하고 과제물을 만드는 것이었다. 막내도 마찬가지였다. 인터뷰하는 시간에 직접 자기가 쓰고 생각한 에세이를 부모 앞에서 발표하게 하였다. 부모가 그것을 통해 자녀들이 무엇을 생각하는지 좀더 효과적으로 이해할 수 있는 시간을 가진 것이다.

이러한 과정은 뉴질랜드 학생은 누구나 거치게 된다. 이 시기에는 매주 주제별 과제를 주고 학생들이 스스로 주제에 대한 나름대로의 계획을 만들고 추진해 나가는 과정에서 스스로 문제를 해결하는 창의성과 독립성을 기른다. 과제물은 실생활에 사용할 수 있는 실용적이고 창의력을 요구하는 것으로 모든 학습 프로그램은 학생들의 자발적인 참여와 흥미유발에 중점을 두고 전인교육과 아울러 안전한 교육환경을 강조한다. 또한 전인교육을 중시하기에 각종 스포츠를 가르치며 수영은 학교 수영장이나 가까운 수영장에서 배우게 된다.

뉴질랜드의 중학교인 인터미디어 학교도 마찬가지이다. 한국의 초등학교의 5학년-중학교 1학년 또는 2학년 정도에 해당되며 교육의 목적은 학생들의 지적, 사회적, 감성적, 신체적 발달에 필요한 프로그램을 제공하는 데 있다. 이 시기의 학생들은 독립적인 자아에 눈을 뜨기 시작하므로 긍정적인 태도와 또래집단에서의 리더십을 길러 주고, 전인적인 교육을 통한 인격 형성을 할 수 있도록 이끌어 주며, 개별적으로 학습에 대한 열의와 능력을 개발하도록 지도한다. 절대로 암기와 주입식 교육을 받은 학국에서는 볼 수 없는 모습이다. 한 가지 중요한 것은 여기 중학교 아이들에게 핵심적으로 가르치는 것이 있어서 인용해 본다. 한 마디도 공부 잘하라는 말이 없다. 비싼 명품만 수입하지 말고 이런 것을 수입해야 한다.

중학생들에게 필요한 7가지 핵심개발 분야

1) A sense of competence and achievement(능력과 성취감 개발)

2) Self exploration and definition(자아발견과 규정)

3) Supportive social interaction with peers and adults

   (친구 및 어른들과의 우호적인 사회적 교류)

4) Challenging and rewarding physical activity(신체활동 개발)

5) Meaningful participation in school and community

   (학교와 사회의 진정한 참여)

6) Routine, limits and structure(일상생활의 적응, 규제 및 규격화)

7) Diversity of experience(다양한 경험)

3. Sleep over night

어쨌든 한국의 열악한 현실을 개인의 힘으론 바꿀 수가 없다. 그래서 무전여행 같은 이민을 선택하고 기러기 아빠의 길을 선택하는 것이 우리네 어른들의 현실이다. 다시 본론으로 돌아가서 뉴질랜드 아이들이 제일 좋아하는 것 중에 하나가 생일 초대를 받는 것이다. 어른들도 좋아하는 것 중에 하나이다. 아이들은 생일 초대를 받으면 일주일 전부터 잠을 설친다. 그런데 더 재미있고 흥미로운 것은 'Sleep over night'란 것이 있다. 생일 초대를 받고 그 생일자의 집에 침낭을 가지고 가서 같이 잔다. 대개는 여자 아이들끼리, 남자 아이들끼리 이런 초대를 받는데 초대장에 'Seep over night'라고 쓰여 있다. 준비물은 침낭을 준비하고 세면도구를 준비하여 생일자의 집으로 간다.

10명 정도 되는 아이들이 거실에서 잔다고 생각을 해 보면 단순한 일이 아닐 것이라 짐작할 것이다. 필자의 집에서도 아이들이 침낭을 가지고 와서 잠을 잤다. 아이들은 방과 거실에서 게임을 하면서 재미있게 놀다가 침낭 속으로 들어가 잠을 잔다. 그런데 문제는 평상시 잘 시간을 훨씬 초과하였는데도 아이들이 잠을 자지 않는 것이었다. 그도 그럴 것이 어른들이 생각해도 어렸을 때 소풍을 가거나 수학여행을 갔을 때를 생각해 보면 안다. 성장해서 어른이 된 지금 제일 기억에 오래 남고 재미있었던 기억이 바로 그때다. 우리 아이들은 밤 3시까지 안 자고 놀면서 그들의 추억을 만들었다. 부모들은 그날만 특별하게 봐 주고 허락해 준다.

이것이 아이들을 대하는 기성 세대의 생각이어야 한다. 아이들에게 추억을 심어 주어야 한다. 그 추억의 소중함은 필자도 잘 안다. 필자의 세대는 가난한 세대였기 때문에 아무런 대책 없이 아이들을 풀어 놓았다. 현대는 소득 수준이 높아지고 잘 살아서 아이들을 극성맞게 추억도 못 만들고 봉고차만 태운다. 그런데 필자의 세대는 그럴 여력이 없어서 그대로 두었다.

필자는 어린 시절 다른 아이들과 함께 산과 들로 돌아다니며 놀았다. 대보름에는 쥐불놀이도 하고 그 전날 밤새 음식 서리도 하고 산을 누비면서 땅굴도 파고 참 즐거운 추억을 많이 가지고 자랐다. 충청남도 지역에는 대보름 전날 밤 아이들에게 다른 집에 몰래 들어가 음식을 서리하는 풍습이 있었다. 지금도 기억이 난다. 몰래 음식을 서리하러 들어가면 동네 어른들은 가마솥에 음식을 미리 차려 놓고 있었다. 그런데 여기에도 한 가지 불문율이 있었다. 그것은 제사를 지내려고 준비한 음식은 먹지 말아야 한다. 그런데 한 번은 그 불문율을 깨고 동네 아이들과 필자는 제사 음식을 서리하고 들킨 적이 있었다. 많이 혼났는데 아이러니 하게 제사 음식을 먹은 아이들이 고스란히 다 걸리게 되었다. 어떻게 아무 증거없이 몰래 음식 서리를 하였는데 걸렸을까. 바로 그 이유는 엿 때문이었다. 제사 음식의 재료로 엿이 있었다. 그런데 밤에 보이지 않아 아이들은 막무가내로 엿을 먹었는데 여기저기 손과 머리까지 묻어서 다음날 아침에 바로 표시가 난 것이었다. 다음 날 아침 필자의 머리카락이 엿 때문에 엉켜서 가관이었다. 지금도 생각하면 웃음이 난다. 이런 것들이 필자에게는 소중한 추억이다.

어쩌면 이런 소중한 추억을 만들어 주려는 것은 아버지 하나님의 마음이 아닌가 싶다. 나그네 같은 삶을 살 때 아버지 하나님은 우리의 눈에 비친 세상을 추억에 담게 하려고 많은 수고를 하신다. 태평양 하늘에 노을이 지거나 무지개가 뜰 때 하나님은 이 장면을 너의 추억 속에 담으라 하신다. 그래서 무전여행을 하는 것이 아닌가 싶다. 편한 여행을 해서 얼마나 추억이 남는가 생각해 보면 무전여행의 이치를 알게 된다.

그리고 개인적인 문화를 존중하는 서양 문화에서 이런 어린이들을 위한 문화가 있다는 것이 얼마나 좋은지 모른다. 그런데 생각해 볼 점이 있다. 아이들한테 여유가 있다. 왜냐하면 아이들한테는 돌아갈 집이 있다는 것이다. 그리고 아이들이 굉장히 재미있어 한다. 왜냐하면 단 하루이기 때문이다. 어린 아이들한테 매일 'Sleep over night'를 하라고 하면 못한다. 무전여행 같은 이민도 마찬가지이다. 하루 침낭을 가지고 온 아이들처럼 이민자들도 침낭을 가지고 와서 짧은 이민 생활을 하다가 본향으로 돌아가는 것이 아닐까 생각해 본다. 그래서 이민자들은 여유를 가지고 세상을 살아야 한다. 나그네가 돌아갈 본향 천국이 있다는 생각을 하면 나그네는 여유가 생긴다. 그리고 나그네는 단 한 번의 이민 기회를 즐기면서 추억을 만드는 것이다.

침낭을 들고 여기저기 이민 생활을 하다가 세상에서 추억을 얻고 그렇게 인생을 살다가 나그네처럼 본래의 고향 천국으로 돌아간다. 추억이라 함은 무엇인가? 오래 전에 있었던 일이 새삼스럽게 자기에게 호소를 하는 것이 아닌가? 어느 날 나그네가 자신을 만든 분 앞에 서 있을 때를 생각해 보라. 나그네 같은 인생을 'Sleep over night'로 세상에 보내신 분 앞에 서 있을 때를 생각해 보라. 그 분과 함께 추억을 나눌 것이다. 그 때 그분이 보낸 목적에 맞게

157

우리가 세상을 살았는지……. 과연 무엇을 이루었는지…….

추억을 이야기하며 아버지 하나님의 영원한 천국에서 지낼 것이다. 지금도 나그네 같은 사람들을 위해 아버지 하나님께서는 성을 준비하셨다. 그리고 나그네 같은 사람들과 함께 추억을 이야기할 시간만을 기다리신다. 고생하며 무전여행 같은 생활을 하면 어떠하리, 정처 없이 나그네 같은 이민 생활을 하면 어떠하리, 그저 추억만 있으면 된다. 아이들이 밤 늦게 자지 않고 거실에서 떠들어도 부모님은 즐겁다. 그저 하나님께서는 같은 마음으로 무전여행 같은 나그네 이민 생활에서 추억만을 가지길 바라신다. 나그네 같은 이민 생활이 그래서 아름답다. 매일 아버지 하나님과 추억을 공유하고 새로운 세계를 보여 주시기 때문이다. 나그네처럼 이리저리 다녀도 모든 것이 추억이 되니 얼마나 좋은가. 그러므로 세상을 사는 사람들은 이런 아이들의 추억을 공유하는 마음이 있어야 한다.

2부

하나님이 원하시는
나그네 같은 이민 생활

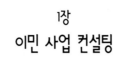

1장
이민 사업 컨설팅

1. 이민 사업 컨설팅 업의 시작

이제부터는 나그네 같은 이민자가 잘 먹고 잘살기 위해 실제로 무엇을 해야 되는지 필자의 경험을 피력하겠다. 무엇을 할 지는 오직 이민자의 주관적인 판단에 맡긴다.

무전여행을 하다 보면 많은 경험을 한 사람들을 만나게 된다. 그럴 때마다 사람들은 그 경험을 토대로 여행의 계획을 바꾸기도 한다. 마찬가지로 하나님의 뜻으로 무전여행을 하는 이민자들은 많은 경험을 가진 사람들을 만나게 된다. 하나님께서 나그네를 위해 이런 사람들을 준비하신 것이다. 무전여행 같은 이민이 하나님의 뜻으로 되는 것은 하나님께서 준비하신 땅으로 인도할 때부터이다. 하나님께서는 모든 것을 준비하신다. 땅과 사람들과 기업을 이루는 모든 것을 준비하시고 예비하신다. 이 장은 단지 이런 관점으로 무전여행 하는 사람들을 안내하였으면 한다.

이제부터는 나그네 같은 이민자들이 어떻게 사업을 통해 이민 생활을 영위하였는지 적어 보겠다. 하나님이 준비한 경험 많은 사람들을 옆에 붙이는 것처럼 적어 보겠다. 많은 이민자의 사업이 여러 가지 힘든 상황에서는 어쩔 줄을 모를 때가 있다. 이럴 때 도움을 줄 수 있는 이웃 사람으로서 설명하겠다. 그리고 이러한 도움을 통해 그 상황을 이겼으면 한다. 각각의 여러 비즈니스 종류들에 관하여 하나님의 관점으로 참여하여 어떻게 하면 성공할 수 있는지 서술하였다. 또한 옆에서 어려울 때 도와 줄 수 있는 친구처럼 새롭게 시작하는 이민자들에게 도움이 되었으면 한다. 여기에 성공한 사례들을 들어가며 나그네가 해야 할 일들을 설명하였다. 되도록이면 이민 오기 전에 성공할 수 있는 연습과 준비를 했으면 한다.

필자는 처음에는 컴퓨터 사업으로 이민자들에게 컴퓨터를 팔았다. 여기서 남은 이익으로 사업장을 운영하려는 소박한 마음으로 사업을 시작하였다. 그러다가 점점 규모를 크게 하여 중국인이 운영하는 기존의 컴퓨터 사업장을 인수하였다. 다른 사업장에서 주문하는 컴퓨터를 조립해서 파는 것을 위주로 하였다. 그런데 컴퓨터 판매는 마진 자체가 너무 박해서 운영하기가 쉽지 않았다. 분명 필자만의 특화 사업이 있어야 된다고 생각하였다. 그래서 한국에서의 소프트웨어 개발 경력을 갖고 할 수 있는 일을 찾아 보니 판매관리 프로그램 (Point-Of-Sale System)이 가장 적격이었다. 이것은 바코드나 인식코드를 통하여 상품의 판매 가격이 자동 저장되고 재고나 판매 현황을 알 수 있는 시스템이다. 그리고 거기에 필요한 것은 컨설팅 능력이었다. 통계 프로그램, 기업 시스템이나 고객관리 시스템을 대기업과 외국인 기업에서 영업하거나 개발을 했었기 때문에 필자는 충분한 능력을 갖고 있다고 자부하였다.

그런데 그것은 자만이며 큰 오산이었다. 제조업체나 중소기업의 컨설팅 능력은 있어도 이민자가 많이 하는 데어리 가게, 유통이나 식당 등 모두가 생소한 것뿐이었다. 그러나 문제는 사업장을 찾아다니며 팔 만한 소프트웨어를 찾는 것이었다. 만만치가 않았다. 우선 사업장에서 무엇을 원하는지도 모르고 경험이 선무한 상태에서 시행착오를 겪어야만 했다. 그때 한 사업장에서 한국의 소프트웨어 회사가 망하여 큰 어려움을 겪는 것을 보았다. 무엇인가 생각나는 것이 있었다. 여기 현지 소프트웨어업체를 골라서 판매 대행을 추진하는 것이 나을 것 같아 보였다. 바로 실행으로 옮겼다. 여러 뉴질랜드 소프트웨어 전문업체에 연락하여 미팅을 갖고 판매 대행을 진행하였다. 영어가 제대로 되도 판매 관리 소프트웨어를 이해하는데 문제가 있었다. 그런데 제대로 영어를 이해 못하면서 용기 하나로 외국인을 만나 소프트웨어에 대한 전반적인 이야기를 들으니 난감하였다. 그리고 바로 영업을 하였다.

참으로 어처구니 없이 제대로 소프트웨어를 이해도 못하면서 영업을 진행한 것이었다.

이 글을 빌어 초창기에 경험이 없는 필자에게 시스템을 주문을 하신 분들께 사죄드린다. 어쨌든 경험 없이 할 때는 용기가 필자를 밀어 주었다. 일요일에는 교회에 다니고, 평일에는 집 근처에 사무실을 얻어서 영업을 진행하였다. 그런데 판매하는 것이 막막했다. 고민을 하던 차에 영업광고를 내는 것이 좋을 것 같아 한국 사람이 보는 무가지 신문에 광고를 내기 시작했다. 물론 광고는 한국 사람들 중에 사업을 하는 사람을 대상으로 하고 있는 교민 신문에 광고를 냈다. 어느 정도 광고를 내자 사업장을 내려는 사람들이 사무실로 찾아오기 시작했다. 첫 주문은 지금도 잊지 못한다. 하나님께서 하신 일이기 때문이었다.

어느 오후 지인의 소개로 한 분이 찾아왔다. 그분은 오클랜드 시내에 큰 식당을 내려고 하였다. 식당 계산대에 필요한 판매관리 시스템을 원하는 것이었다. 물론 그때 첫 주문은 실패로 돌아갔다. 영수증 프린터와 돈통이 연결이 안 되었다. 돈통도 튀어나오지도 않았고, 그들이 원하는 식당에 필요한 기능도 작동하지 않았다. 소매상(Retail shop)에서 쓰는 프로그램을 식당용으로 썼으니 당연한 결과를 가져왔다. 그런데도 그분께서는 불평하시지 않고 계산기로 대체하면서 쓰셨다. 참으로 지금 생각하면 한심한 것이었지만 하나님께서 아시고 그 분을 처음으로 붙여 주신 것이었다.

지금 그분께서는 교회에서 필자의 멘토 역할을 하신다. 그리고 교회의 구역인 목장이란 개념으로 교회에서 구역장(목자)으로 정하여 하나님을 아는 일에 같이 동행을 하였다. 하나님께서는 참으로 이런 모든 이민자의 서툼까지도 아시고 미리 준비하셨다. 필자가 이민자 사업장 일을 진행하도록 하나씩 일을 풀어 주셨다. 거기에 보람된 것은 이민자의 사업장에서 그들의 서러움과

울분을 들어 주는 것이었다. 그들의 문제를 해결하는 데 보람을 느끼면서 열심히 차를 몰고 여러 사업장을 돌아다녔다. 하루에 평균 100Km 이상을 달렸다. 많은 이민 사업장의 경영자들을 만났다. 그분들의 애환을 피부로 같이 느끼면서 이민 생활을 하였다. 그들의 고민을 들어 주는 것만 해도 영광이었다. 그리고 그분들을 위해 도움의 말씀도 드리고 희망도 드렸다. 똑같이 나그네 같은 이민 생활을 하시는 분들에게 매일 필자가 겪었던 이야기를 하면서 그들과 삶을 나누었다. 어쩌면 이 경험이 이 책을 쓰게 하였을지 모른다.

그 이후로도 많은 시행착오를 겪었지만 점점 더 전문적인 판매관리 소프트웨어를 갖추고 300여 사업장에 다양한 솔루션을 적용하였다. 특히 여러 현지인, 인도, 일본, 중국, 아랍인들의 사업장에 판매 관리 시스템과 보안 장비 시스템을 납품하고 다양한 사업 컨설팅을 진행하게 되었다. 또 하나의 감사한 일은 판매관리 시스템과 함께 사업장 보안 시스템, 전화 교환기, 웹사이트 구축까지 취급하게 되었다. 하나님께서는 새롭게 인터넷을 통한 비즈니스 기회와 아이디어를 주시고 특허까지 내게 하셨다. 모든 사람들이 이롭도록 하고 기존의 인터넷의 문제를 해결하게 하셨다. 젊은 영혼들이 인터넷의 중독에 죽어가는 모습이 보였다. 매일 신문에 나오는 자살 사건의 배후에는 인터넷 문제가 있었다. 이것을 해결할 수 있는 방법이 있었다. 하나님이 해결하라 하신다. 또한 이것을 통하여 하나님을 알 수 있도록 하라는 것이었다. 필자는 죽는 날까지 하나님께서 주신 지혜를 펼치려고 한다. 섬기는 작은 자로 세상에 하나님의 영광을 보이며 나갈 것이다.

또 하나 많은 교민 및 아시안들의 사업장은 항상 보안에 문제가 많았다. 이 책에서 전문적으로 다루겠지만 소프트웨어뿐만 아니고 보안 카메라 등 사업장의 보안 시스템은 또 하나의 중요한 문제다. 여기에 사례로 나오시는 분들은 이 세상 그 누구보다 더 훌륭한 분들이시다. 그분들은 세상을 살맛 나게 하는 분들이다. 이민 와서 기죽지 않고 가족을 위해 제일 멋있게 사시는 분들이며 성공한 분들이다. 여기에 온 이민자들은 모두 다 인생의 진정한 개척자들이다. 용기를 가지고 이민이라는 무전여행을 감행한 분들이기 때문이다. 되도록이면 비즈니스하시는 분들 중에서 과감하게 새로운 영역을 개척하신 분을 적었다. 그리고 현지인들의 영역에나 이민 주류사회에 적응한 분들의 이야기를 적었다. 그래서 앞으로 이민 올 이민자들이 자신감을 갖고 이러한 요소만을 갖추고 있다면 충분히 성공할 것이다. 모든 것이 낯선 이민 생활에서 그들은 삶을 개척하고 있다. 나그네 같은 이민자들은 업종에 상관없이 성공하든 실패하든 상관 없이 나그네 정신으로 하나님께서 주신 삶에 순종하고 있다.

2. 하나님의 일을 하는 나그네와 같은 사람들

가끔 많은 이민자들이 겪는 혼돈을 들어 보면 참 안타까운 것이 한두 가지가 아니다. 나그네 같은 이민 생활은 때로 많은 온전한 생활을 포기해야 한다. 나그네 정신을 가져야 된다. 개척 정신을 가지고 먹고 사는 문제를 해결해야 한다. 하나님은 무엇을 바라시는가. 이 세상의 모든 사람은 하나님의 형상을 따라 그 모습대로 만드셨다. 하나님께서 새로운 세상을 만드시고 당신과 똑같은 모습으로 인간을 만드셨다. 이것은 세상을 하나님 대신 정복하라는 의미이다. 하나님께서 만드신 모든 나라와 모든 백성이 서로가 하나님을 대신하여 그들의 삶을 보일 때 하나님은 영광을 받는다.

결국 무전여행을 하는 이민을 와서 만나는 사람들에게 본인들의 의도가 있든 없든 그들은 하나님의 의를 보이며 친절을 보이고 하나님의 모습을 세상에 보인다. 먹고 사는 문제를 해결하려고 손님에게 친절하게 대하든, 무엇을 하든 웃음을 보이며 차 한 잔을 대접하는 모든 것이 하나님의 일을 대신

하는 것이다. 모두 다 하나님의 일을 하는 사람들이다.

이런 하나님의 일들 중에 여러 가지 일들이 있다. 어떤 업종에 무엇을 해야 되는지 잘 모른다. 그리고 어떤 일에 무엇이 필요한지를 이민 오기 전에 같은 일을 실제로 경험했던 사람들도 잘 모른다. 왜냐 하면 여기 환경이 다르기 때문이다. 그것을 모르고 일을 하면 당황하거나 곤란한 일을 겪는다. 만약 실패를 경험하게 되면 무전여행 같은 이민 생활에서 제일 중요한 물질과 돈으로부터 자유롭지 못하게 될 수도 있다.

그런 의미에서 필자의 경험을 기술하는 것은 하나님의 일을 하는 사람들에게 도움을 주고자 하는 것이다. 무엇을 어떻게 해야 될지 잘 모를 때 당황하며 힘들어한 모든 사람들을 위해 적은 것이다. 지침이 아니라 현실을 직시한 것이다. 하나님의 눈으로 모든 것을 보는 방법을 적었다. 그리고 이러한 가치관으로 사업장을 이끌었으면 한다. 무전여행을 하듯 인생의 길에서 만나는 손님들에게 필요를 채우고 하나님의 눈으로 그들을 대하면 된다. 그래야만 나그네 같은 인생을 살고 하나님 앞에 설 때 진정으로 아름다운 추억의 이야기를 하게 될 것이다.

물질이 부족하여 힘들 때도 하나님께 의지하는 믿음을 가져야 하고 기도로 부족함을 채움을 받아야 한다. 나그네 같은 이민자들이 부족한 물질을 구하기 위하여 먼저 하나님을 시험하면 안 된다. 물질을 주시든 안 주시든 상관없이 하나님의 일을 하는 마음으로 모든 것을 겸허하게 받아들여야 한다. 나그네는 지나간 길에 의미를 두는 것이 아니라 어디로 가는가에 의미를 두어야 한다.

3. 나그네 같은 하나님의 사람들이
잊지 말아야 할 것

사람은 보이는 것에 믿음을 갖는 성격을 가지고 있다. 눈에 보이는 것에 믿음을 갖는 것 중에 제일 많은 우선순위를 두는 것이 재물이다. 돈이 눈에 보이면 사람은 안심하고 다 가진 것처럼 거만해지며 돈을 못 가진 사람을 무시하기 시작한다. 그런 사람의 눈엔 보이는 재물이 행복의 최상 조건이다.

그러나 농서 고금의 수많은 역사책을 보면 돈을 주목하고 따라 나닌 사람 중에 백 년 이상 가진 사람도 없고 허망하게 죽거나 비참한 최후를 맞이하는 사람들이 대부분이다. 재물은 한순간에 사라진다. 지금의 세대는 증권, 부동산, 채권 등 재물의 모습은 다양한 형태로 진화하고 있다. 미국의 금융 위기와 지금의 환율, 증권, 부동산 등의 위기는 바로 이러한 것을 보여 주고 있다. 몇백억 달러가 한 순간에 사라지는 그런 것이 재물의 속성이다.

예수님을 믿는 나그네 같은 인생을 사는 사람들은 영원하지 못한 것에 주목하지 말아야 한다. 오직 예수님의 영원한 부활을 이루신 것과 구원의 약속을 잡아야 한다. 나그네 같은 이민자들은 보이지 않는 믿음을 잡아야 한다. 왜 그런가? 그분은 변하지도 않고 없어지지도 않는 영원한 존재이기 때문이다.

하나님의 사업을 하는 사람도 마찬가지이다. 돈을 보지 말고 해야 한다. 오직 영원을 보는 눈으로 살아야 한다. 물론 많은 사람들이 어떻게 돈을 보지 않고 사업을 할 수 있냐고 반문할 것이다. 그렇지만 천국을 향하여 가는 나그네 같은 삶을 사는 사람들의 눈만은 예수님의 십자가와 천국을 향해 있어야 한다. 영혼을 구하는 예수님의 눈으로 사람의 영혼을 바라보아야 한다. 그래서 사람을 중요시 여기며 돈에 초연한 자세로 산다면 결국 하나님의 사람들은 비즈니스도 성공하게 된다. 만약 같은 조건에서 예수님의 영원한 약속을 믿는 사람과 다른 예수님을 믿지 않고 돈만 밝히는 사람과 같이 경쟁한다고 생각해 보자. 그럴 때 고객들은 인상 쓰고 돈만 밝히는 다른 경쟁자보다 항상 예수님의 관점으로 웃으면서 평온한 마음을 가지고 있는 사람한테 간다. 그리고 예수님의 사람은 한 사람 한 사람의 영혼을 알기 위해 친절하게 인사를 한다. 그래서 나그네 같은 하나님의 사람들 사업장에는 많은 사람들이 몰리고 성공하게 된다.

> 네가 어찌 허무한 것에 주목하겠느냐
> 정녕히 재물은 스스로 날개를 내어 하늘을 나는 독수리처럼 날아가리라
> 잠언 23:5

이것이 나그네 같은 하나님의 사람들이 지켜야 할 철칙이다. 목적이 절대 돈이 아닌 영혼을 구하는 마음, 다른 사람의 영혼과 하나님과 예수님의 사랑을 항상 간직하는 그런 마음의 열정이 있어야 한다.

　　오클랜드 항구에는 가끔 대형 유람선이 정박한다. 화려하고 엄청난 규모에 기가 질린다. 많은 사람들이 내려서 오클랜드 번화가를 돌아다니며 쇼핑을 한다. 필자는 이것이 돈의 속성이라 생각한다. 그런데 저 찬란하고 화려한 바다의 유람선도 수명을 다하면 언젠가는 고철이 될 것이다. 영원하지 않은 것이다. 하나님을 아는 사람은 물질에 연연해서는 안 된다. 영원하지 않은 것에 매달릴 필요가 없다. 유람선은 단지 세상에 하나님이 만드신 바다와 섬을, 땅과 땅을 오가는 도구에 불과하다. 배에 오르는 것이 목적이 아니라 하나님께서 만드신 이 세상을 보는 것이 목적이 되어야 한다. 즉 물질이 목적이 아니라 도구에 불과하며 하나님의 일을 하고 하나님이 주신 세상의 모든 것을 보고 만지고 경험하면서 그 분의 뜻을 이루는 것이 목적이 되어야 한다. 그리고 유람선에 승선하였다고 교만해서는 안 된다. 그것은 여행하는 시간에만 즐길 수 있는 기쁨인 것이다. 돈을 가졌다고 교만해서는 안 된다. 그것은 한낱 꽃보다 못한 인생의 즐거움에 불과한 것이기 때문이다.

　　다음의 글은 인터넷에서 발췌한 글이다.

　　행복에 가장 영향을 미치는 6가지 요소는 '만족과 안정감을 주는 일, 정신건강, 도덕적 가치, 애정이 넘치는 일상생활, 안전한 공동체, 자유이다. 여기에 돈은 포함되어 있지 않다. 오랫동안 많은 사회과학 단체와 심리학자들이 소득 수준과 행복 사이에는 뚜렷한 연관성이 없다는 주장을 하고 있지만, 대다수 사람들의 돈에 대한 믿음을 바꾸지는 못한다. 사람이 살아가는데 꼭 필요한 것은 돈이 아니라 일과 사랑이다. 일은 인생을 바꾸고 일을 통해 인생이 완성된다. 평생 돈을 쫓는 사람은 목표가 달성되면 허탈함이 몰려온다. 수단을 목표로 삼았기 때문이다.

돈으로 집(House)은 살 수 있지만 가정(Home)은 살 수 없다. 돈으로 침대(Bed)는 살 수 있지만 잠(Sleep)은 살 수 없다. 돈으로 시계(Clock)는 살 수 있어도 시간(Time)은 살 수 없다. 돈으로 책(Book)은 살 수 있어도 지식(Knowledge)은 살 수 없다. 돈으로 지위(Position)는 살 수 있지만 존경(Respect)은 살 수 없다. 돈으로 약(Medicine)은 살 수 있지만 건강(Health)은 살 수 없다. 돈으로 피(Blood)는 살 수 있어도 생명(Life)은 살 수 없다. 돈으로 친구(Friend)는 살 수 있어도 친구의 사랑(Love)은 살 수 없다.

오익재의 '대인 기술 전문가 칼럼' 중에서

4. 교만과 물질에 관하여

주님! 감사합니다.

그리고 죄송합니다.

누구의 칭찬에 겸손하지 않았습니다.

살아가는 동안 교만하지 않게 하소서.

영혼이신 하나님이 스스로 몸이 되신 겸손을 보여 주셔서

인간의 교만에서 피를 흘리시고

전지 전능자의 겸손을 보여 주심을 저는 압니다.

저의 입에 거만이 살아 있는 것은 저의 본성이겠죠.

하지만 저의 본성에 당신이 계속 자리를 차지하는 것을 느낍니다.

점점 당신의 자리는 저의 본성 중심에 오고 있음을 저는 압니다.

완벽히 당신이 차지하는 날

저희 나그네는 당신을 위해 저희의 겸손을 노래하겠습니다.

그러기 위해 지금 저희는 낮아지는 연습을 하고 있습니다.

그런데 가끔 저희 나그네는 저희의 본성에 저희를 먼저 드러내려 합니다.

당신을 드러내고 모든 것이 주님이 아니면 아무것도 아닌데

날아가는 티끌처럼 그저 아궁이에 불태워 사라질 잡초 같은데

저희를 살리신 것은 당신이 가지고 있는

겸손과 긍휼의 마음이라는 것을 압니다.

바라옵건대 사는 동안 저희 나그네를 당신의 뒤에 서게 하소서.

당신의 빛난 광채를 보고 눈이 멀었던 바울이 되게 하소서.

우리의 시각으로 세상을 보지 않게 하소서.

원수를 사랑하사

당신은 당신을 핍박하기 위해 가는 사울을 바울로 만드시고

그로 하여금 그를 나타내지 않게 하시고

당신을 나타내게 하심을 저는 압니다.

그가 공회당에서 외치는 것은 당신을 본 증거요,

제가 이 글을 쓰는 것은 당신의 사랑을 맛보았기 때문입니다.

왜 저의 죄에 인내하시고 참으시고 용서하고 계십니까?

당신의 고통을 맛보게 하십니까?

그것도 모자라서 당신의 은혜를 저의 영혼에 집어넣으십니까?

사랑합니다. 주 예수님

내일 아침에 저는 먼저 제 통장을 보겠죠.

얼마나 당신이 인내하시고 당신이 사랑을 보내셔야

이 물질 때문에 걱정하는 이 본성을 없앨 것 같습니까?

한낱 사라질 아무것도 아닌 이 물질 때문에 당신은 아파해야 합니까?

회개하라. 천국이 가까이 왔노라.

세례 요한이 광야에서
배운 당신의 진리를
저는 이 물질의 광야에서 배웁니다.
회개할 것입니다.
물질이 인생의 도구이며 진정한 목적은
당신의 사랑이 내게 있음을 아는 것입니다.
피를 흘리며
당신이 십자가의 고통 속에서 눈을 감고 있을 때
사람들은 이해하지 못했을 것입니다.
당신의 사랑이 온 세상에 퍼져
이 이방인인 저에게
이런 사랑의 글을 쓰게 하심을
그저 감사드릴 뿐입니다.
예수님 이름으로 기도드립니다.
아멘.

2장

나그네 같은 이민 생활에서 무엇을 해야 잘 먹고 잘사나!

음식점 사업에 관하여

이제부터는 음식점 사업에 대해 여러 가지로 분석을 해 보겠다. 우선 어떤 종류의 음식점이든 준비해야 할 사항 중에 가장 큰 일은 주방에서 일할 인원을 구하는 것이다. 음식을 만든다는 것은 많은 경험이 있어야 된다. 그런 의미에서 음식의 맛은 많은 경험에서 나온다. 결국 많은 시행착오를 하지 않으면 제대로 된 음식을 만들 수가 없다. 그런 경험이 음식점의 색깔을 만드는 것이다. 이러한 음식 맛의 색깔을 관장하는 사람이 있어야 한다. 소위 주방을 책임질 사람을 구해야만 한다. 주인은 주로 서빙을 책임진다. 많은 한국 교민 부부들이 남편은 주방을 맡고 부인이 홀을 책임지고 있다. 이것은 사업을 하는 데 가장 경제적인 체계이다. 반대인 경우에도 경제적인 체계이다. 단기적으로 좋아 보인다. 그러나 장기적으로는 안 좋다.

먹고 사는 것을 해결하면서 참으로 어려운 부분이 부부가 같이 일을 하는 경우에 많은 다툼이 발생하여 장기적으로는 문제의 소지가 있다. 부부는 일심동체이지만 매일 같이 있을 때 발생하는 다툼은 이루 말할 수 없다. 특히 주방과 홀은 서로 다투는 관계에 있는 곳이다. 손님이 주문을 해서 주문서를 주방에 갖다 주면 주방은 주문서를 똑바로 안 받았다고 불평하고 손님이 음식이 늦게 나와 불평을 하면 홀 서빙하는 분은 주방에 가서 불평을 한다. 이렇게 자연적으로 생기는 다툼이 불화가 되고 결국 이혼까지 가는 경우가 많다. 무전여행 같은 나그네 이민에서 제일 중요한 것은 가족과의 관계이다. 이것이 불안한 사람은 세상을 즐기는 나그네가 아니라 세상을 힘들어 하는 방랑자가 된다.

또 장기적으로 부부 문제가 없더라도 자녀에 대한 문제는 무시할 수 없다. 부부 중에 한 사람은 아이들을 학교에서 픽업해 주어야 하는데 이 일이 만만치가 않다. 우선 모든 학교가 오후 3시에 끝나므로 영업 도중에 학교에 픽업을 가야 한다. 그래도 다행히 스시(Sushi) 음식점은 오후 3시 정도면 한가해

져서 픽업이 가능하다. 그렇지만 사백만 명이 사는 오클랜드에도 어김없이 정열 부모들이 있어 학교가 끝나고 피아노에, 미술에, 운동에 모든 도로가 몸살을 앓는다. 당연히 픽업 시간이 늦어지고 사업장을 비우는 시간이 많아져 다른 사람을 고용해야만 하는 경우가 생긴다. 또 자녀들이 14세 이하이면 집에 혼자 두면 안 된다. 자녀들이 어릴 경우에는 집에 14세 이상 되는 자녀가 있어야만 한다. 이것을 해결 못하면 부부가 일하는 데 많은 문제가 발생한다. 안타까운 것은 평상시에는 아이들을 학교에 보내고 그 시간에 일을 하지만 방학 때는 어찌할 도리가 없어서 아이들이 혼자 집에 있는 경우가 많다.

그래서 결국은 사람을 고용해서 주방을 맡기든지 홀서빙을 맡긴다. 그런데 주인이 음식에 자신이 있어서 다른 사람을 고용을 해서 홀서빙을 맡기면 문제가 발생할 수 있다. 지금까지 많은 사업장 컨설팅과 솔루션 장비를 공급하면서 매출이 높은 곳에 공통점이 있는 것을 발견하였다.

그것은 주인이 홀서빙을 맡고 고객 관리와 전반적인 관리를 직접 챙기는 것이었다. 보통 주인들은 사람들이 음식이 맛이 있어서 몰린다고 생각하고 주인이 직접 주방만 챙긴다. 그러다 보면 처음에는 음식점에 많은 사람들이 몰린다. 그러나 어느 시간이 지나가고 서비스의 실수와 허점이 보이면서 고객 관리를 잘못하게 된다. 손님들은 점점 그 음식점을 생각하면 음식은 맛이 있는데 서비스는 엉망이라는 생각을 한다. 결국 그 음식점은 다른 음식점 순위 다음으로 생각하여 고객의 발길이 끊긴다. 음식점만 그런 것이 아니다. 다른 사업장도 마찬가지이다. 이민 사업장의 성패는 손님을 어떻게 대하는가에 달려 있다. 현지 서양의 문화 중에 제일 중요한 것이 개인적이며 감정적이며 작은 서비스에 민감하다.

무전여행을 하면서 지나는 것을 그냥 지나치지 말고 만나는 것에 의미를 두고 인생에 적용하는 노력이 필요하다. 마찬가지로 카페를 하든, 스시점을 하든, 음식점을 하든 제일 중요한 것은 손님에 대한 태도이다. 그것에 의미를 두고 진정으로 섬기는 것이 중요하다. 즉 종이 주인을 섬기듯 손님의 이름을 알고 손님의 이야기를 듣는 태도가 중요하다.

예수님께서는 하나님이면서 인간의 몸으로 오셔서 제자들과 생활하면서 모든 만나는 사람의 의미와 필요를 아셨다. 그리고 그들을 섬기듯 그들의 이야기를 들어 주시고 그들과 같이 힘들어하고 그들의 이름을 불러 주셨다. 무전여행을 하는 나그네 같은 인생은 함께하는 것에 있다. 마찬가지로 고객을 만났을 때도 그들의 이름을 알고 그들의 이야기를 경청하는 것이 모든 사업의 기본이다.

1. 스시 전문점

필자가 처음 시스템 납품을 하면서 시행착오를 겪었던 첫 사업장은 스시 (Shshi)를 파는 음식점이었다. 모든 사업 성공의 중요한 요건 중에 하나는 얼마나 많은 수요가 있느냐이다. 그런 면에서 스시 전문점은 고정적인 수요가 있는 것이 가장 큰 매력이다. 사무실 근처에 있으면 점심 시간에 많은 직장인들이 점심을 간단하게 먹기 위해 고정적으로 온다. 서양 사람들은 아시안의 음식 중에 제일 문화적으로 고상하게 생각하는 음식이 스시라고 생각한다. 외식을 즐기는 서양 문화에서 먹는 즐거움과 동양적 신비감이 어울려져 서양 문화에 젖은 사람들이 서투른 젓가락질을 하고 먹는다. 그만큼 스시는 대중적으로 서양 사람들의 음식으로 자리잡았다. 거의 서양화 된 음식이라고 단정해도 과언이 아니다.

스시는 한국의 김밥처럼 여러 가지 재료를 섞어서 만든 것이지만 김밥하고 틀린 것은 싸는 재료가 김뿐만 아니고 여러 가지 생선회나 여러 가지 음식이다. 왜 우리 나라의 김밥은 모르고 스시 음식은 그렇게 유명한지 정말로 쓸쓸하다. 일본이라는 나라의 저력은 바로 이런 문화적인 부분을 이용한 천재성에서 나오지 않는가 싶다.

그런데 주로 음식점은 두 가지 형태로 이루어진다. 첫 번째는 직접 음식점에서 먹을 수 있게 하는 방식이 있고 여기서 말하는 Takeaway이란 방식이 있다. 한국에서 말하자면 가져가서 먹거나 배달하는 방식이다. 두 가지 모두 다 장단점이 있지만 가장 자본이 적게 들고 임대료가 적게 든다. 이런 소규모의 사업이 바로 스시나 여러 가지 종류의 음식을 통한 Takeaway집이다. 많은 한국분들이 유동 인구가 많은 곳에다 2평에서 5평 공간이 있으면 Take-away 음식을 직접 만들어 파는 가게를 한다. 그 중에 가장 성업하는 것은 스시를 만들어 파는 곳이다. 스시를 비롯하여 샌드위치, 쿠키 등도 있다.

필자는 가끔 스시가 먹고 싶어서 가는 곳이 있다. 물론 시스템과 보안 시스템을 설치한 곳이어서 고객의 물건을 팔아 주러 가는 차원보다는 솔직히 스시가 맛이 있어서 가는 곳이다. 처음 인수할 당시에는 그냥 일반 음식점 정도였다. 그리고 위치 면에서는 그런 대로 사무실 밀집 지역이고 큰 대로 옆에 있어서 괜찮았지만 과연 경험도 전무한 사람이 가능할까 의구심이 들었다. 시작할 때는 그저 손님이 뜸하게 오는 것이 오히려 필자가 미안하였다. 시스템을 설치할 때는 도와주는 마음으로 스시를 먹었다. 매출을 올려 주자는 생각에서 먹었다. 그런데 몇 달이 지나자 점심 시간에 줄지어 서서 사람들이 스시를 사러 오는 것이었다. 현지인들이 한국인이 만든 스시를 먹기 위해 매일 줄을 서서 기다리는 광경은 참 대단한 것이었다. 그분들은 스시의 맛을 스스로 개발했다. 필자가 먹어도 지금까지 먹어 보지 못한 스시의 맛이었다. 보통 생선회나 치킨을 넣는데 여기에는 독특한 재료를 넣었다. 그 맛이 현지인들에게 맞게 된 것 같았다. 매일 스시를 먹으러 오는 사람도 있다고 한다. 그리고 대로변에 스시를 나름대로 진열하고 지나가는 손님이 편리하게 Takeaway 를 할 수 있도록 했다.

또 한 가지 성공의 요인은 스시 만드는 것을 직접 보여 주는 것이었다. 사실 모든 Takeaway 스시집은 진열 위주로 하고 만드는 것은 주방이 있어 가려져 있다. 현지인들도 생각하기를 언제 만들어졌는지 또 오래 되지 않았는지 의심을 한다. 그렇게 스시를 사면서 분명 스시의 맛이 떨어질 것이라 생각한다. 그런데 이 집은 계산대 옆에서 직접 만드는 것을 보여 준다. 일종의 신뢰를 보여 준다. 현지인들은 당연히 진열되어 있는 것도 오늘 만든 것으로 생각하고 먹으니 맛이 있는 것이다. 이것이 전략이다. 하나님의 사람들이 일하는 방식은 이렇게 숨김이 없어야 한다. 진실된 것은 세계 어디서든지 통한다. 보여 주는 나그네 삶이 중요하다.

185

그리고 주방에 일하는 인원은 모두 한 가족이다. 다행히 다 자란 자녀들 때문에 혼자 두어도 상관이 없고, 큰 자녀가 영어가 되어서 판매대를 맡고, 부인이 계산대 옆에 스시 만드는 것을 맡고, 남편은 주방에서 소스를 만들고 다같이 일을 한다. 가끔 나그네 같은 인생에서 제일 아름다운 모습이 무엇일까 생각해 보면 그 모습을 연상한다. 온 가족이 서로를 위해 배려를 해 준다. 먹고 사는 문제를 해결하는 생존 수난이기 이전에 가족애를 느끼니 얼마나 아름다운 장면인가. 그들의 행복은 끝이 없는 것 같다. 그리고 하나님께서 그분들을 도와주시는 것이 눈에 보인다. 노랑머리 사람들이 줄을 서서 기다리는 모습은 참 감사할 일이다.

2. 런치바(샌드위치 전문점)

　　유난히 런치바로 통하는 샌드위치 전문점은 한국 교민들이 많이 한다. 그런데 여기에는 참 많은 노력이 필요하다. 모든 음식점이 그렇겠지만 무에서 유를 만든다는 것이 참 힘든 것 같다. 보통 아침 4시에 출발하여 신선한 재료를 사서 아침부터 식사를 못하고 온 직장인을 상대로 영업을 준비해야 한다. 매일 새벽 4시, 5시에 출근하는 것은 참 어려운 일이다. 그 힘든 것을 일년 내내 해야 한다는 것은 이민자가 겪는 또 하나의 어려움이다. 오클랜드 한인 중에는 이렇게 밤을 밝히며 청소하시는 분, 런치바를 열기 위해 나가시는 분 등 다양한 직종의 사람들이 많이 있다. 한국에서는 소위 엘리트로 잘 나가셨던 분들이다. 그런 분들이 개척정신을 가지고 영어와 문화적인 차이를 극복하면서 새벽을 밝히면서 일을 한다. 새벽을 밝히는 사람들은 이 사회를 이끌어 가는 사람들이다. 나그네 같은 삶에서 이런 분들의 노력 때문에 아침을 굶고 출근하는 사람들에게 식사를 제공하고, 더러워진 쇼핑몰이 청소가 되어 깨끗해진다. 이런 분들은 하나님의 일을 하고 있다. 그분들의 필요 때문에 그런 일을 한다고 생각하지만 하나님을 대신하여 나그네 같은 삶을 사는 사람들에게 식사와 깨끗함을 제공한다.

어쨌든 런치바는 토요일과 일요일에는 쉬는 것이 장점이다. 평일에도 아침, 점심에만 장사를 하기 때문에 일찍 끝난다. 매출 면에서는 판매 물량이 거의 고정되어 있어서 수익을 올리고 원가를 줄이기 위해서 근처의 쇼핑몰에서 세일 기간에 재료를 사는 것이 좋다. 또한 현지인의 입맛을 맞추려면 많은 노력이 필요하다.

시내에서 런치바를 경영하는 교민을 방문하여 시스템에 대한 컨설팅과 런치바를 경영하면서 겪는 여러 가지의 고충에 대해 이야기했었다. 그런데 그분은 사업 비자를 받기 위해 런치바를 선택했는데 토요일과 일요일에 쉬는 사업을 찾았다고 한다. 런치바가 가능한 것을 알고 시내에 있는 런치바 인수를 진행하였다고 한다. 그런데 런치바 사업자가 사업장을 판매하는 과정에서는 기존의 판매 매출을 부풀려서 인수 금액을 너무 많이 냈다고 한다.

이런 일들은 모든 사업체를 매매할 경우에 제일 많이 일어난다. 뉴질랜드에서는 법적으로 인수할 때 그러한 경우를 방지하기 위해 한 달 정도 실제 신고한 매출이 맞는지 테스트 기간을 두고 매매자와 같이 지켜 보고 실제 매출이 맞으면 매매가 결정된다. 법적으로 그러한 부분을 방지하기 위해 변호사들끼리 어느 정도 범위에서 계약이 유효하도록 한다. 그리고 보면 참 합리적이다.

그런데 문제는 여기에 있다. 부풀린 금액을 맞추기 위해 전 주인이 아는 사람을 동원하여 시험 기간에 런치바에 오게 한다. 실로 어처구니 없는 노릇이다. 그렇다고 일일이 가게에 오는 사람을 체크할 수도 없다. 기간을 지정하고 원래 매출이 맞는지 알아보는 과정이 이렇게 변질될 수 있다.

시내에서 런치바를 운영하려면 또 하나의 중요한 사항은 어디에 위치해 있느냐 하는 것이다. 접근이 용이하고 사무실이나 공장 밀집 지역이 알맞은 장소이다. 많은 자동차를 주차할 장소가 필요 없다. 걸어서 접근하는 것이 제일 좋다.

메뉴로는 가장 많이 팔리는 것이 주로 샌드위치이다. 또 다른 메뉴의 개발이 가능하다. 필자가 방문하여 컨설팅하고 시스템을 설치한 런치바는 공통적으로 메뉴를 스스로 개발하여 아주 성업 중이다. 또 한 가지 중요한 사항은 런치바가 갖고 있는 특징을 최대한 살리고 고객 관리를 제대로 해야 한다. 대부분이 고정된 손님이고 근처의 사무실에 근무하는 사람들이기 때문에 이름을 외워 두고 손님이 올 때마다 이름을 부르는 것이 좋다.

누군가가 자기를 알아 주고 이름을 아는 것은 상당히 기분이 좋다. 서양이나 동양이나 다 비슷하다. 그리고 좀더 나아가 고객 카드를 작성하고 포인트 제도를 주는 것도 괜찮다. 물론 원가가 조금 들겠지만 손님들은 점심 먹는 곳이 여러 곳이고 그 선택의 순간에 바로 고객 포인트가 바로 작용한다. 직장인들의 지갑도 얇기 때문에 되도록이면 적은 돈으로 점심을 먹고 싶어한다. 요사이 기름값이 올라서 여기 호주나 뉴질랜드 사람들은 점심을 집에서 만들어 오는 사람들이 많아졌다. 그런 면에서 런치바는 경제에 가장 민감한 음식점 중에 하나이다. 비용을 줄이려면 식비를 줄이는 것은 한국이나 호주나 뉴질랜드나 다 똑같다.

3. 케밥 전문점

호주와 뉴질랜드에서 멕시칸 스타일의 전문 음식은 주로 유럽이나 아메리카에서 이민 온 스페인 계통의 사람들을 주 고객으로 한다. 필자도 시내에 있는 Takeaway 케밥(Kebab) 전문점에 시스템을 납품하면서 실제 시장 상황을 알 수 있었다. 필자는 음식 만드는 방법이나 여러 가지 장비를 보고 굉장히 특이하다는 것을 깨달았다. 이런 점에서 한국 사람들이 케밥 전문점에서 일하는 경우는 드물다. 그런데 거의 2평도 안 되는 길가의 공간에서 한국인 부부가 이국 음식을 만들고 고생하는 것을 보고 참 추운 겨울이 따뜻함을 느꼈다. 이분들은 기존에 하던 것을 싼값에 인수하여 케밥을 전혀 모르는 상황에서 한 달 동한 교육을 받고 영업을 진행했다고 한다. 케밥 맛의 구분이 여러 가지 조건에 의해 이루어지기 때문에 확실한 인수 교육을 해야 한다.

가끔 사업체를 인수할 때 인수할 수 있는 부분이 물건이면 체크하는 것이 쉽다. 그러나 어떠한 무형의 지식이라면 인수 받는 자가 신경 쓰지 못하면 어렵다. 그런 점에서 음식점 사업을 인수할 경우 항상 생각해야 하는 부분이 음식 만드는 방법이나 그밖에 여러 가지 교육을 시켜달라고 요청을 해야 한다. 그래야만 사업의 근본적인 인수가 이루어진다. 물론 이민자가 영어로 알아듣기 힘들지만 적어도 매뉴얼 같은 것을 만들어 달라고 전 주인에게 요청해야 된다.

Takeaway 위주로 케밥 전문점이 운영되고 그밖에 다른 메뉴는 스페인 계통의 음식을 만들어 파는데 요리는 오히려 동양 스타일 음식과 맞는다. 매운 음식 중에 제대로 메뉴를 골라서 자주 가서 먹었는데 너무 맛있었다. 맥도날드의 햄버거를 스페인 식으로 만들었다고 생각해 보라. 맛이 아주 특이하다. 음식점이 많이 없어서 자주는 못 가지만 그 근처에서 가끔 생각나면 케밥 전문점으로 가서 점심을 먹는다.

다민족 국가인 뉴질랜드나 호주는 음식 면에서는 다양한 맛을 볼 수 있어서 좋다. 그 나라를 알려면 그 나라의 음식을 보면 알 수 있다고 누군가 말한 것이 기억난다. 영국, 독일, 프랑스, 스페인, 남아프리카, 남아메리카 등 소위 서양 문화에 접한 사람들은 그 음식 고유의 맛을 살려 현지화시키고 있다. 특히 아시안의 민족 중에 타이, 베트남, 중국, 일본 등의 음식은 이 사회에서 많은 인기를 끌고 있다. 아시아 사람들은 자기 나라의 음식을 되도록 이면 현지 사람들에게 먹게 하기 위하여 많은 노력을 기울이고 있다. 그중에서 가장 현지화에 앞장서는 민족은 타이 사람들이다. 아마도 호주, 뉴질랜드에서 타이 레스토랑을 해서 망했다고 한 경우가 없을 정도로 현지 사람들에게 인기가 좋다.

그런데 우리 나라의 음식은 어떠한가? 막상 이 나라에서 한국 음식점에 서양사람 현지인들이 성업 중인 곳이 거의 없다. 왜 그럴까? 우리가 다른 나라에 비해 문화적으로 떨어지는지 아니면 음식의 맛이 떨어지는지 아무리 생각해도 이유가 없다. 일본이라는 나라는 김치가 잘되자 정부에서부터 업체들끼리 협의해 전략적으로 홍보를 한다고 한다. 생존을 하기 위해 음식을 만들고 다른 민족에게 먹게 하기 위해 정부에서부터 업체들이 협의를 통해 홍보 전략을 세워 나가고 있다. 그런데 한국 민족은 우리 민족 사람들에게 인기 있는 음식을 만들면 그만이라는 생각으로 지금까지 음식점을 만들었던 것 같다. 우리의 입맛에만 맞춰서 국제화시키는 데 전략적인 접근이 부족한 듯 싶다.

미국이나 유럽에서 어느 지역에서만 특정한 음식 등이 인기 있다. 비빔밥을 잘 만들어 성공한 경우가 바로 이런 경우다. 그러나 그것은 개인의 힘으로 하기에는 역부족이다. 나그네 같은 이민자의 삶은 자기 나라가 힘들어서, 싫어서 다른 나라로 가지만 그들은 여전히 힘들다. 한국 음식 문화 상품이 성공한 것이 없기 때문에 잘 모르는 케밥 음식점과 스시 음식점을 하면서 먹고 사는 문제를 해결한다. 만약 비빔밥 전문점이 서양 사람들에게 이름이 알려졌다면 나그네 같은 이민자들은 쉽게 비빔밥 전문점을 낼 수 있다. 한 달 이상의 교육을 받을 필요 없이 말이다.

4. 베트남 음식점

　한국 사람들이 제일 성공한 음식점이 있다. 한국 사람이 한국 음식점보다 많이 가는 곳이 있다. 아시안 현지 사람들도 즐겨 먹는 그런 음식점이 있다. 그것은 베트남 음식점이다. 여기서는 월남 식당이라 불린다. 특이하게 이런 음식을 한국 사람들이 좀더 맛있게 개발한다. 오죽하면 오클랜드의 북쪽에 한국 사람들이 몰려 사는 지역에 베트남 식당 4개 정도가 생겨났다. 한국 사람들이 열풍처럼 베트남 국수를 먹어 보고 맛을 비교한다.

　모두 다 한국 사람이 운영하는 음식점이다. 베트남 식당을 한국 사람들이 경쟁하듯이 개업한다는 것은 참으로 이상한 일이었다. 그러나 그들을 이해해야만 한다. 한국 음식점을 개업하는 것보다 한국 사람이 많이 오고 또 현지인들과 아시안도 올 수 있는 그런 곳을 만들려면 어쩔 수 없이 메뉴가 인기가 있는 음식점을 택해야 한다. 그런데 한국 음식점은 이제 그런 메뉴가 더 이상 아니다.

앞에서도 말했지만 이민자가 여기에서 살 수 있는 방법은 철저하게 현지화를 해야 살아남는다. 당연한 논리이지만 애국심이나 민족적인 감정이 있어서 모든 것을 그 논리로 생각하면 안 된다. 마치 이민 와서 동떨어진 섬처럼 사는 사람들이 많다. 필자도 어떤 때에는 한국 뉴스가 첫 번째이고 그 다음에 뉴질랜드 뉴스는 가끔 생각날 때 인터넷이나 TV에서 본다. 여기 뉴질랜드의 소식이 먼저이어야 하는데 필자도 아직 현지화가 되지 못한 것 같다. 다원주의, 개인주의, 사생활을 철저히 보호하는 서양 문화가 있는 이런 곳에서는 이민자가 그들 속으로 들어가야만 한다. 뉴질랜드는 섬인데 또 하나의 섬을 만드는 것이 아닌가 싶다.

어쨌든 베트남 음식점을 창업하려면 또 여러 가지 기본적인 것을 갖추어야 한다. 이 음식은 보통 Takeaway가 안 되기 때문에 주차장 시설이 잘되어 있는 곳에 창업을 해야 한다. 국수나 스팀보트 등 주로 국물 위주로 된 음식이 많기 때문에 Takeaway가 힘들다. 손님들의 성향도 분석하여 맛을 개발해야 한다. 직접 음식을 만들어서 국물 맛을 테스트하고 여러 재료에 따라 변하는 맛을 기록하고 손님의 취향을 분석하여 그 고객의 입맛에 충실해야 한다. 기본적으로 국물에 충실하여 맛을 개발하고 소스도 같이 개발해야 한다. 대부분 여러 가지 요인이 있지만 영업이 잘되는 베트남 식당의 공통점이 있다면 그것은 국물 맛과 소스가 뛰어나다는 것이다.

그 다음 가장 힘든 것은 실내 장식이다. 사실 음식점에서 분위기를 찾는 것은 당연한 일이다. 가족 위주의 외식을 선택하다 보면 일주일이나 한 달에 한 번 그들의 지갑을 여는 데는 분위기가 좋은 데를 택하는 것은 당연한 일이다. 적절한 실내 분위기는 좀더 열린 공간으로 만들어져야 한다. 너무 막아서 칸막이 등 답답한 분위기를 연출하면 가족 레스토랑의 분위기가 나지 않는다. 안 그래도 세상이 답답한데 식당까지 답답하다면 손님의 발길이 끊긴다.

답답한 이야기가 나오니 나그네 같은 이민자로 살아가다 보면 답답한 현실에 어쩔 수 없는 경우에 대하여 이야기하겠다. 사업에서 비용을 가장 많이 차지하는 것이 임대료이다. 한국의 경우는 건물 주인이 건물에 대한 세금을 낸다. 그런데 뉴질랜드에서는 세입자가 건물에 대한 세금을 낸다. 참 답답한 현실이 아닐 수 없다. 비즈니스 하는 사람들이 가끔은 은행에 대출을 얻어서 건물을 인수한다. 그 이유가 여기에 있다. 세금, 전기세 등 모든 건물에서 나오는 모든 비용은 세입자가 내는데 차라리 사는 것이 낫기 때문이다.

필자도 컴퓨터 사업장을 개업했을 때 임대료의 절반 되는 비용을 세 달에 한 번 꼴로 건물에 대한 세금 고지서가 나왔다. 이것에 대해 알아보니 어쩔 수 없다고 한다. 한마디로 모두 다 임대 계약을 할 때는 그렇게 한다고 한다. 그것이 싫으면 건물을 사라는 것이다. 변호사들이 그렇게 계약을 한다. 이것을 피하려면 별도 조건을 통해 세금 등을 별도로 주인이 내게 하는 방법이 있다. 그러나 처음부터 건물 주인이 세입자에게 그 조건으로 계약하지 않는 경우가 많다. 이민자는 이런 현실에 적응해야만 한다. 먹고 사는 문제에 대해 할 수 있는 것이 가게를 임대해서 무엇인가를 해야만 하는 것이 현실이기 때문이다.

또 하나 임대 계약에 대해 중요한 것이 있다. 호주나 뉴질랜드 등지에서 은행에서 돈을 빌릴 때 고정 이자가 있고 변동 이자가 있는데 되도록 사람들이 미래를 예측할 수 있는 고정 이자를 선택한다. 마찬가지로 임대 계약 조건에도 세금의 비율이 변동하기 때문에 고정 세율과 변동 세율을 적용하는 계약서가 있다. 아마도 사업을 시작하기 전에 충분한 자금 계획을 세워 임대 조건에 대해 꼭 따져서 되도록이면 세금같이 비율로 되어 있는 것을 정형화 된 숫자로 계약하라고 충고하고 싶다. 계약서가 임대 금액이 변동이 되지 않도록 변호사에게 지시하여 고정 금액으로 만드는 것이 좋다.

본론으로 들어가 월남 식당에서 성공한 사례 중에 특이한 경우가 있어서 소개해 보겠다. 베트남 식당에 가 보면 국수 종류와 스팀 보트 종류가 있다. 이 성공한 사업장은 스팀 보트를 전문으로 뷔페를 열어 성공했다. 많은 종류가 있어서 어떤 것을 넣느냐에 따라 맛이 틀려진다. 중국계 등 많은 아시안들이 이 음식점에 온다. 그 이유는 여러 가지가 있지만 싼 값에 맛있는 여러 가지를 한꺼번에 먹을 수 있어서 자주 온다. 그리고 인건비를 절약할 수 있는 요인은 뷔페이기 때문에 많은 사람들이 직접 음식을 가져다 먹기 때문에 상관이 없다. 다만 음식의 신선도를 항상 유지해야 한다는 것은 항상 명심해야 한다.

5. 한국식 중국집

어릴 적에 필자는 온천이 나오는 동네에 살아서 아버지의 손을 잡고 온천에서 목욕을 하고 자장면 집에서 자장면을 먹은 기억이 아직도 남아 있다. 그만큼 어린 아이들은 자장면에 향수를 느낀다. 이민 와서 첫날부터 한국식 자장면을 먹을 줄은 몰랐다. 모텔에 가족이 투숙하고 처음으로 한국 사람의 안내로 타카푸나 한인 타운에 있는 중국집에서 외식 아닌 외식을 하였다. 모텔에 부엌이 있지만 먹을 것을 제대로 풀지 못했기 때문이다. 그때는 정말로 맛이 있었다.

현재 이민자들이 외식을 고민할 때 한번쯤은 누구나 생각했던 일이 중국집이다. 그만큼 맛이 있다면 한국 사람이 먹기에 부담이 없기 때문이다. 그리고 아이들이 제일 선호하기 때문에 가족 식당으로서는 제격이다.

과연 이민자들이 사업으로 하기에는 어떨까? 필자와 친한 분이 한국식 중국집을 하는데 대단히 성공을 하였다. 이분한테 사업을 하기가 어떠냐고 물었더니 대답은 힘들었다고 하신다. 그분의 말을 빌리자면 망할 것을 각오하고 했다고 한다. 그분은 중식당을 시작할 때 미리 사업에 관련된 돈을 준비하여 다 쓴다고 생각하고 비상시에 쓸 돈은 따로 떼놓았다고 한다. 사업만을 위한 돈이 다 소모되면 정리한다고 생각하고 안전하게 사업을 준비했는데 그것이 성공하였다.

성공 요인은 여러 가지이지만 가장 중요한 요소는 철저한 준비가 성공을 부른 것이다. 다음으로 주인이 음식 맛을 연구하여 꾸준히 성장시키고 메뉴를 새롭게 개발하여 중국 음식에 신선감을 계속 주었다. 사람들한테 불경기인데도 중국요리를 먹으러 가려면 그 집으로 가라고 할 정도로 정평이 나 있다. 물론 이분의 부인이 실내 홀을 맡아서 손님 관리까지 하였다. 한국이야 주문하면 배달하는 형태로 진행하지만 여기는 배달이 전혀 없다. 단지 손님이 오기만을 기다려야 한다. 한국 사람만을 상대해야 한다는 단점이 있다. 가끔 중국 손님이 오지만 그렇게 많지 않다. 그만큼 한국 사람의 까다로운 입맛에 맞추어야 한다는 것이 힘들다. 그래서 이분은 매일 최상급의 재료를 쓴다고 한다.

이 두 부부는 필자가 뉴질랜드에서 제일 존경하는 부부이다. 그 부부의 인생은 한편의 드라마와 같다. 그 드라마 같은 역경을 이기고 이민 사회에서 성공한 것이다. 얼마나 힘든 과정을 겪었는지, 그 사고는 아마도 아는 사람은 다 알 것이다. 이분들은 한국에서 신문에 오르내리고 훈장까지 반납하고 이민을 선택했다. 한국에서 있었을 때 그 사고가 있던 날 필자의 자녀도 그 근처로 소풍을 갔다. 뉴스에서 사고가 있던 날 거의 쓰러질 지경으로 놀랐다. 다행히 근처에서 떨어진 곳으로 소풍을 가서 전혀 피해는 입지 않았지만 그 사고는 지금도 생각하면 끔찍하다. 그 때 사고 당사자 부모의 아픔은 과연 어떠했을까?

우리는 그 많은 어린 생명이 갇혀서 화재에 죽어도 누구 하나 제대로 책임지지 못한 것을 몰랐다. 왜냐 하면 우리 일이 아니었기 때문이었다. 그러나 이분들은 사고의 당사자들로 책임과 보상을 명백히 규명하고 책임자를 처벌하자고 하였다고 한다. 그러나 우리 나라는 이상한 논리로 안 받아들였다고 한다. 그분들은 피땀 흘려 이룬 올림픽 메달도 반납하고 이런 나라에서 사느니 이민을 선택하였다고 한다. 이민 오실 때 이분들은 피눈물을 흘렸으리라. 이분들의 집에는 아직도 죽은 큰 아이의 사진이 있다. 무슨 부귀 영화가 그분들한테 부러울까? 다행히 하나님께서 큰애 닮은 막내가 그분들의 가정에 태어나 그 부부의 작은 행복을 다시 쓰게 하셨다. 그저 감사할 따름이다.

나그네 같이 사는 것이 이럴진대 우리는 이 하나님의 섭리를 벗으려 얼마나 발버둥치는가. 사연은 틀리지만 여기 이민 와야 하는 이유가 다 있다. 그러나 우리는 항상 감사하는 마음을 잊지 말아야 한다. 모두 다 하나님의 섭리란 것을 알아야 한다. 인생의 무전여행 길에 뉴질랜드에 이민자로 나그네 이방인으로 와 있지만 우리의 여행은 끝이 없다는 것을 알아야 한다.

6. 한국 전통 음식점

'잘 먹고 잘살기'라는 제목으로 필자가 음식점에 대해 많이 적는 이유는 문화의 한 단면을 음식에서 알 수 있기 때문이다. 한국의 문화는 어떠한가? 한국의 음식은 어떠한가? 몇천 년의 역사가 담겨 있고 그 문화와 음식 또한 전 세계 어디에다 내놓아도 손색이 없다. 그러나 앞 장에서도 말한 것처럼 한국의 문화나 음식은 뛰어나지만 그것을 알리는 것이 부족하여 많은 한국 음식점들이 고충을 겪고 있는 것은 사실이다.

이런 와중에 고군분투하는 한국 음식점이 있어 그분들을 소개해 보겠다. 필자가 보안 시스템을 납품하게 되어 알게 되었다. 그 한국 음식점은 시내 교차로에 위치하고 있고 식당 홀의 중앙에 살아 있는 나무가 수직으로 뻗어 있다. 아주 특이한 음식점이었다. 처음에 야광 카메라를 달아 손님이 나올 때 카운터에서 볼 수 있도록 하였다. 그런데 분위기나 음식 맛이 너무나 특이하여 필자의 연구 음식점으로 올려 놓았다. 그 음식점은 말이 한국 음식점이지 한국 손님들은 거의 없고 중국인들 심지어 현지인들까지 줄지어 들어온다. 점심에는 정신 없이 잘된다. 한마디로 한국 음식을 현지화시킨 것이었다. 성공 요인을 분석하기가 힘들 정도로 이 음식점에는 여러 가지 복합적인 이유를 갖고 있다. 첫 번째 성공 요인은 당연히 맛이었다. 그 맛은 도저히 표현하기가 힘들 정도로 여러 가지 다양한 맛이 있다. 예를 들어 수육을 시켰는데 저린 굴이 같이 나왔다. 돼지고기와 굴을 쌈에 싸서 먹으면 외국인들도 원더풀 한다. 한국인의 전통 맛을 결합시킨 것을 상품화하였다. 몇천 년의 맛이 살아 있는데 세계 사람들은 그 맛을 알면 그 매력에 빠지게 된다. 필자의 친구 중에 중국 친구가 있어 그 한국 식당에서 식사를 같이 하게 되었는데 얼마나 맛있게 먹었든지 필자가 기뻤다. 그런데 사방을 둘러보니 모두 다 현지인들과 중국인들이었고 한국 사람은 오직 필자뿐이었다. 주방은 부인이 담당하며 음식의 맛을 책임지고 있다. 현지인들에게 맞는 맛을 개발하고 메뉴도 추가한 것이다.

둘째 성공 요인은 부담감 없는 인테리어 때문이다. 종로 뒷골목으로 들어가서 맛있는 집을 찾는 것처럼 사람들은 부담감이 없는 음식점을 원한다. 이 음식점은 형태가 마치 버스처럼 되어 있었다. 아주 특이하고 친근하였다. 이름도 아주 특이하다. 내부가 부담이 없으니 주인이 정감 있게 인사하고 모든 것이 편안하고 맛있게 먹을 수 있다. 같이 식사를 하면서 많은 이야기를 듣고 이 음식점이 성공한 이유를 알게 되었다. 이분은 돈을 버는 즉시 내부 공사를 진행하신다고 한다. 어찌 보면 당연한 이야기이지만 분위기를 조금씩 바꾸는 것이 하는 만큼 어려운데 이분은 음식점을 개업해서 지금까지 계속 수리하고 바꾼다고 한다. 이 자세가 성공을 부른다.

세 번째가 청결 관리이다. 한국 음식점의 장점이자 단점이 반찬을 많이 내놓는다. 주인 입장에서는 단점이고 고객의 입장에서는 장점이 된다. 중국 사람들이 한국 음식점에 자주 오는 현상을 보게 되는데 중국 사람들의 식당은 반찬이 없이 그릇당 가격이 있다. 그래서 한국 음식점에 많이 온다. 반찬 값은 안 받기 때문에 경제적으로 먹는다. 그렇기 때문에 고객의 입장에서는 유리하다. 그런데 주인 입장에서는 원가가 들기 때문에 반찬을 남기면 다시 다른 고객의 식단에 올라갈 수도 있다. 이런 점에서 한 가지 신뢰의 벽을 만든다. 한국 음식점에서 반찬을 먹는데 고추장이나 이물질이 있을 경우 다시는 그 식당을 안 찾는다. 아무리 맛이 있다고 해도 기본과 신뢰를 잃어버렸기 때문에 그 식당을 다시는 안 간다.

이 한국 음식점은 이 점에서 너무나 깨끗하다. 한번은 필자와 너무 친한 사이어서 음식을 내왔는데 먹지도 않았으니 다시 가져 가라고 했을 때 그분은 필자에게 화내며 그것은 기본에 어긋나는 일이라 젓가락이 한 번도 안 갔어도 바로 쓰레기로 버린다고 하는 것이 아닌가? 그리고 그분은 매주 토요일이나 일요일에 쉬는 날에는 음식점을 정비하고 실내를 바꾸는 일에 전념한다. 이것이 성공 요인이 아닐까? 그분만 생각하면 우리 음식 문화에 대한 긍지가 생긴다.

7. 현지화된 음식점

이상으로 음식점에 대해 이야기했지만 그 외에 칼국수 전문점, 갈비집, 감자탕, 닭 전문점 등이 영업 중이며 또 우리 맛에 익숙한 것들이 현지화에 가능하리라 생각한다. 맛에 대한 우리 한민족의 긍지를 살려서 무엇을 해 먹고 살아야지 생각할 때 자신이 생각하는 문화적인 접근을 통해 음식점을 생각해야 한다. 자신 있는 음식이 현지화한다는 확신만 있다면 충분이 되리라 생각된다.

예로 칼국수 전문점이 있는데 사실 한국 교민이면 누구든 먹을 수 있는 음식이다. 하지만 이것을 뉴질랜드에서 현지인이 먹어야 된다는 생각을 해야 한다. 그러려면 어떻게 해야 되는지는 여러 가지 방법도 있지만 메뉴가 현지인에 맞아야 한다. 그만큼 주인이 열정을 가지고 이민 사회에 정착해야 한다. 그리고 현지인이 접근하기 위해서는 영어로 의사소통이 되어야 한다. 주인이 영어를 못하면서 현지인의 입맛을 맞춘다는 것은 무리가 있다. 항상 무

엇이 부족하고 무엇이 필요한지를 현지인과의 대화를 통해 음식 식단을 개
발해야 한다.

　다음으로는 한국 사람들이 대체적으로 잘하는 메뉴가 있고 못하는 메뉴
가 있지만 꼭 성공하는 사례는 이민 사회에서 제일 맛있다고 인정받는 메뉴
가 무엇이든지 한 가지는 꼭 있어야 한다. 필자가 가끔 중국 친구를 데리고
가는 한국 음식점이 있는데 그 집은 감자탕을 제일 잘한다고 소문이 난 음식
점이다. 두 번째로 그 음식점을 들렸을 땐 다른 음식을 먹었다. 이것이 누구
나 다 아는 성공 비결 중에 하나이다. 사업은 기본에 충실한 것이 성공 요인
이다. 기본은 무엇인가? 사람들이 그 음식점을 기본으로 생각하는 것이 나타
나야 한다. 특별한 것이 있어야 한다. 무엇이 중심인지를 사람들에게 인식시
키고 인정을 받아야 한다. 그래야만 기본에 충실한 것이다. 그러려면 많은 고

객을 관리하고 음식 맛을 관리해야 한다. 정결한 맛을 관리해야 한다.

하나님의 사람들은 이런 기본에 충실해야만 한다. 나그네라고 해서 모든 인생을 그냥 즐기는 것이 아니다. 무전여행 같은 이민을 산다고 해서 모든 것을 그냥 지나쳐서는 안 된다. 기본을 가지고 기본에 충실한 삶을 살아야 한다. 이것이 진정으로 하나님께서 이민자들에게 바라시며 나그네 같은 삶을 살다가 오라고 하신 뜻이다.

8. 커피 전문점

커피 전문점은 사실 현지인들의 기호를 맞추는 것이기 때문에 아주 신중하게 진행해야 한다. 그런데 호주와 뉴질랜드 현지 문화는 아주 커피의 맛에 대해 독특한 문화를 가지고 있다. 다른 나라에서는 생소한 커피 메뉴가 있다. '플랫 화이트'라는 커피 메뉴이다. 보통은 커피 원액에다 우유를 직접 타서 먹는데 이것은 커피 원액에 물을 어느 정도 부은 다음에 우유를 타서 먹는다.

여기 현지인들은 아침에 출근하고 난 후에 커피점에 들려 자기가 좋아하는 커피를 마시면서 아침을 시작한다. 누구를 만나도 커피를 먹는 것이 마치 음료수 마시듯이 먹는 그런 자연스러운 면을 볼 수 있다. 거의 일상의 많은 부분이 커피와 함께 산다. 그래서인지 그들은 커피를 진하게 먹지 않는 것 같다. 플랫 화이트란 커피 메뉴가 생긴 것도 물을 타서 먹으면 커피의 원액이 조금 희석되기 때문일 것이다. 이런 문화를 가지고 있기 때문에 현지 사업에 적합한 것 중에 하나이다. 여기에 런치바에서 파는 케이크이라든가 빵 등을 섞

어서 판다. 사실 보통 런치바나 현지 레스토랑 같은 카페라는 개념이 바로 커피는 기본으로 하기 때문에 구분이 모호해진 것은 사실이다. 그만큼 커피는 동서를 막론하고 기호 식품이다.

여기서 제일 중요한 것이 바로 커피의 맛이다. 여기 현지인들은 커피의 맛을 마치 미식가처럼 따진다. 아침에 식사를 하고 난 후 커피를 마시면서 그 맛에 하루의 기분이 좌우되는 것 같은 생각이 들 정도로 커피의 맛을 최대한 느낀다. 손님에 따라 각기 취향을 맞추는 것이 커피 전문점에서는 정말 중요한 일이다.

카페를 했던 고객이 그 커피 맛에 대한 여러 가지 이야기를 들려 준 것이 있어서 소개를 하겠다. 우선 시내에서 직장인들을 대상으로 하는 커피점은 맛이 진해야 한다고 한다. 커피를 만들 때 약간 타게 해서 원액을 진하게 한다고 한다. 그래야만 직장인들이 좋아한다는 것이다. 마치 하루 종일 일하면서 업무에 시달리면서 스트레스를 커피 맛으로 풀어 준다. 그와 반대로 학교나 동네 주변의 커피점이나 카페에서 파는 커피는 연하게 만들어야 한다고 한다. 일리가 있는 것이 커피의 진한 것은 그들의 맛에 거부감을 줄 수 있기 때문이다.

문화는 모든 면에서 항상 그 나라의 역사와 경제 환경에 밀접한 영향을 받는 것 같다. 호주와 뉴질랜드는 영연방이면서 낙농 국가다. 영국의 문화적 산물인 영국식 아침 식사(English Breakfast) 때 마시는 같은 강한 차(Tea)를 여기서는 우유를 타서 먹는다. 우유는 너무 흔하기 때문에 강한 차에 넣어서 쉽게 마실 수 있다. 처음에 차에다 우유를 타는 것을 보고 기절하는 줄 알았다. 그런데 이제는 이 맛에 익숙해졌다. 여기 사람들의 문화를 알아야 사업에 성공한다. 문화를 모르고 사업을 한다면 그것은 마치 밤에 불빛 없이 운전하는 것과 같다. 혹시 나그네 같은 이민을 떠날 때 어떤 나라를 택하든 정말로 충고하고 싶은 것은 그 나라의 역사와 문화를 꼭 알고 떠나라는 것이다. 그리고 덧붙여서 아주 중요한 것이 있는데 그것은 모든 사업은 하나님이 주신 지혜를 필요로 한다. 아무리 나그네 같은 삶을 살아 간다고 하더라도 지혜를 모르면 길을 잃어버리게 되어 있다. 하나님을 아는 지혜가 필요하다.

3장
나그네 같은 이민 생활에서 무엇을 해야 잘 먹고 잘사나!

소매 사업에 관하여

1. 달러샵

달러샵(Dollar shop)이라 함은 가격대가 2~5달러 정도 되는 아이템들이 주류를 이루고 여러 가지 장난감, 생활용품, 카드 등 되도록 제품을 구비하여 파는 가게이다.

아마도 일반적으로 아이템이 제일 많은 곳은 '데어리(Dairy)'라는 슈퍼마켓이라고 생각할 것이다. 사실은 뉴질랜드 사업장에서 제일 많은 아이템을 가지고 있는 단일 사업장은 2달러 사업장이다. 어른이나 아이 할 것 없이 부담이 없는 가격에 많이 사 간다. 물건의 질은 떨어지지만 그런 대로 쓸 만한 것도 있다. 그리고 유행에 따라 변하여 인기 있는 품목도 한참 잘 팔리다가 사라지는 등 아이템의 변화가 심하여 판매관리 시스템을 만들기에 가장 힘든 사업장 중의 하나이다.

주로 아이템을 중국에서 수입하고 고객들은 주로 현지인과 원주민 등 마오리족들이 많은 구매를 한다. 뉴질랜드의 초기 부족인 마오리족은 아마도 어떤 대륙에 있는 원주민보다 좋은 대우를 받는 것 같다. 아마도 뉴질랜드의 사회보장 제도가 가장 발전되어 있기 때문이다. 그런 곳에서 원주민인 마오리족은 현지인 중에서 제일 많은 사회보장을 받는다. 예를 들어 가족 수당, 실업 수당, 연금 등을 받아 생활하기가 불편이 없을 정도로 많은 수당을 받는다. 그들은 수당을 받으면 싼 값에 구매할 수 있는 달러샵에 간다. 적은 금액 내에서 되도록이면 모든 구매를 해결하려고 한다.

그래서 많은 이민자들이 사업을 시작할 때 사업장의 종류 중에 2달러샵은 기본으로 들어간다. 기본 2달러 정도만 있으면 구매할 수 있는 아이템을 만들어 매장을 만드는 데 가장 필요한 요소는 그만큼 많은 사람들이 접근하기 좋은 곳에 매장을 열어야 한다. 그렇지 않으면 이런 사업은 힘들어진다. 그러려면 큰 쇼핑몰에 들어가야 하는데 그만큼 임대료가 많이 든다. 얼마나 많은 아이템을 2달러에 팔아야 몇 천 불 되는 임대료를 내야 하는지 사업을 하기 전에 알아야 한다. 그만큼 힘들다. 물건이 많기 때문에 직원을 꼭 써야 매장 관리를 할 수 있다. 아이템의 변화가 심하며 그만큼 유행을 잘 알아야 한다. 그러나 노력이나 운영비가 많이 들지만 매출에는 걱정이 없을 정도로 많은 사람들이 드나든다.

또 한 가지 잊지 말아야 할 것은 보안 문제가 잘 해결되어야 한다. 한 가지 예를 들면 어떤 2달러샵에서 가끔 2달러보다 비싼 아이템을 판다. 보통 6달러 정도 되는데 그것을 진열한 곳이 잘 보이지 않는 장소였다. 그런데 저녁에 가게를 정리하려고 하는데 6달러 아이템을 놓은 곳에 온통 6달러 가격표가 바닥에 떨어져 있었다. 2달러 아이템에서 가격표를 빼서 6달러 되는 아이템에 붙여서 계산대에 가져간다. 카메라를 설치하고 녹화가 되고 있다는 것을 상점에 들어오면 누구든지 알 수 있게 해 주어야 한다.

그리고 참으로 힘든 것은 얼마나 많이 팔리는지 무엇이 잘 팔리는지 워낙 많은 아이템이 있기 때문에 알지 못한다. 이것이 가장 큰 애로이다. 얼마가 팔려서 얼마를 벌었는지 모른다.

이 업종에서 일하시는 분들과 시스템 관련하여 설치하고 자주 접촉을 하면서 많은 성공과 실패 사례를 보게 되었다. 그 중에서 도매와 소매를 동시에 하시는 분을 만나면서 아주 흥미로운 사실을 발견하였다. 도매와 소매가 마케팅 진열의 방식이 틀린다. 아마도 인간의 심리를 잘 반영하는 것이 아닐까 싶다. 도매 손님들이 물건을 사러 도매 매장에 와서 물건을 가져갈 때 주로 진열대 아래 부분에 집중적으로 팔린다. 심지어는 바닥에 박스를 놓고 있으면 위에 있는 물건보다 아래에 있는 박스가 같은 제품인데 더 많이 나간다. 반면 소매점에서는 그 반대 현상이 일어난다. 가게에 손님은 주로 눈의 방향의 위쪽을 보고 되도록 위에 있는 물건을 선호한다. 같은 물건을 아래에 놓고 위에 진열을 했을 때 진열대 위에 있는 물건이 더 많이 팔린다. 사업은 항상 여러 가지 복합적 상황에서 무엇인가 핵심을 잡아야 한다. 그 핵심이 바로 성공의 열쇠가 된다. 누구나 같은 상황에서 일을 하고 같은 것을 진행한다면 성공하는 사람은 무엇인가 다른 것이 있다. 집중하면서 노력하고 사람의 마음과 하나님의 마음을 이해하고 진실된다면 성공의 열쇠가 잡히는 것이다.

필사가 2달러 이상의 가격대를 형성하여 프랜차이즈를 진행하여 시스템화 시킨 경험이 있다. 아마도 우리 한국 이민자들에게 꼭 권하고 싶은 생각에서 이 경험을 소개하려 한다.

다른 고객의 소개로 일본 청년을 만났다. 그 청년은 나이가 어려 보였다. 그런데 비즈니스 감각이 남달라 보였다. 참 일을 잘한다고 생각했다. 아니나 다를까. 소매점(Retail) 사업 감각을 잘 살려 진행하고 있었다. 아이디어가 많은 것 같았다. 도심 주변에 중국 상가가 꽤 큰 것이 있었다. 그 빌딩하고 붙어 있는 곳에 가게 자리가 비었다. 그 상가는 거의 죽어 있었다. 기존의 가구 창고로 쓰고 있었는데 그 가게를 이 일본 친구가 살리기 시작하였다. 중국 사람들이 많이 오는 것을 노려 품질이 좋은 일본 물건을 팔기 시작했다. 특히 현지인들이 일본 물건을 많이 사 갔다.

일본식으로 모든 것을 꾸미고 모든 상품을 일본에서 들여와 일본 문화를 팔기 시작했는데 너무나 열심히 노력하는 것이 보였다. 그러나 일본에 직접 가서 물건을 고르고 일본 식품까지 들여오면서 완벽한 일본 문화를 파는 상점으로 바꾸기 시작했다. 지금은 프랜차이즈가 2개가 더 생겼다. 매달 컨테이너가 들어와 수만 개의 일본 물건이 온 오클랜드에 퍼져나갔다. 너무나 놀라웠다. 왜 우리 한국 물건을 이렇게 하는 사람이 없는지 한탄스러웠다. 그는 일본 물건을 파는 것이 아니라 그의 생활 양식을 팔고 일본의 생활 문화를 파는 것이었다. 우리 나라는 더 가능성이 있다고 보는데 한국 사람들은 모두다 이미 검증된 사업만을 선호하고 비싼 값을 주고 많은 수고를 들이지 않은 채 사업을 하는 경향이 있다.

우리 한류 문화를 보자. 3000년 역사의 문화가 있고 그 많은 수공예품과 도자기들은 세계 어디에 내놓아도 손색이 없는 것들이다. 한국 이민자들이 애국하는 길은 우리가 살아온 문화를 상품으로 팔고 세계의 모든 사람들이 우리 문화의 우수성을 알 때 진정한 이민자의 보람을 느끼지 않을까 생각해 본다.

한국 민족은 문화적으로 충분한 가능성을 가지고 있다. 하나님께서는 문화를 새롭게 창조할 수 있는 능력을 한민족에게 주셨다. 이것을 나그네 같은 이민자들이 전 세계에 퍼지게 할 수 있다. 먹는 그릇이든 무엇이든 한민족의 문화를 팔 수 있기 때문에 가능하다.

2. 리쿼샵

한국에서는 비 오는 날 소주 한 잔에 김치전을 곁들여 먹으면 제격이라 생각한다. 그래서 비 오는 날 술 판매가 늘어난다고 한다. 그러나 뉴질랜드는 반대다. 비오는 날은 사람들이 집에서 거의 나오지 않기 때문에 매출이 떨어진다.

날씨가 좋으면 리쿼샵(liquor shop)의 매출이 높아지고 여름이 될수록 사람들은 좀더 시원한 것을 찾기 때문에 맥주 매출이 늘어난다. 맥주는 현지인들이 음료수처럼 생각한다. 모든 사업장의 기본은 가격대이다. 기본적인 아이템이 가격 경쟁력을 가져야 한다. 리쿼샵에서는 그것이 맥주이다. 제일 싼 가격으로 구매력을 가진 물건을 사러 가게에 와서 다른 것을 구매할 수 있도록 유도한다. 예를 들어 맥주 사러 왔다가 와인이나 양주를 산다.

이렇게 모든 소매점에도 기본이 되는 아이템이 있다. 앞으로 좀더 논하겠지만 성공하는 상점의 근본 이유는 시장에서 이용되는 기본 마케팅 방법론

논리가 잘 적용되기 때문이다. 그 중에서 제일 근본이 되는 것 중에 하나는 마케팅 전문 용어로 '바이트 아이템'이라고 한다. 리쿼샵의 매출은 바이트 아이템을 얼마나 잘 판매하느냐가 매출의 성패가 달려 있다. 퇴근하고 가는 길에 많은 리쿼샵들이 있는데 가장 싼 맥주를 파는 사업장이 손님을 많이 끈다. 마치 가게 앞에 주유소의 기름값을 붙여놓듯이 가장 많이 팔리는 맥주 값을 가게 앞에 붙여 놓는다.

리쿼샵은 여러 가지 단점이 있다. 아침에 늦게 시작하여 밤늦게까지 해야만 한다. 가게를 개방하는 것이 리쿼샵이다. 또한 물건의 무게가 무겁다. 물건이 거의 병과 캔이기 때문에 운반하는 것도 힘들다. 또한 신선도를 유지해야 하기 때문에 냉장 시설이 되어야 한다. 많은 리쿼 사업장을 돌아다니면서 가끔 허리가 안 좋거나 팔목을 다친 분을 종종 볼 수 있었다. 너무나 가슴이 아팠다. 이분들이 진정한 나그네 같은 이민자 삶을 사는 분들이다.

그 다음으로 제일 생각해야 될 것이 보안 문제이다. 여기에서는 청소년들에게 술을 팔 때 신분증 제시를 요구한다. 그만큼 어린 청소년들에게 술을 파는 것을 금지하고 있다. 그러나 역으로 생각하면 가장 청소년들이 훔치려고 하는 품목의 일 순위가 술이다. 한번은 필자가 어느 리쿼샵에 카메라를 달았다. 그런데 그 가게에는 유난히 들어오는 입구에 자동차가 들어오지 못하도록 보호대가 설치되어 있지 않았다. 그 대신에 문 뒤에 쇠철봉 같은 것으로 막아 놓은 것이다. 주인에게 이렇게 하면 도둑들이 보호대가 없는 줄 알고 차로 치고 들어온다고 경고를 하였다. 주인은 쇠철봉이 막아줄 것이라고 생각하고 아무 조치를 취하지 않았다.

아나나 다를까 몇 달 후에 전화가 와서 가 보니 한마디로 문이 박살나 있었다. 녹화된 장비에 잡힌 박살나는 장면은 영화의 한 장면이었다. 차가 후진으로 돌진하면서 문을 박살낸 것이다. 쇠봉이 문을 막기는 막았는데 윗부분만 막았고 차가 뒤로 돌진하면서 문 아랫 부분이 박살났다. 그 사이를 뚫고 몇 명이 들어와 술을 한아름씩 안고 가 버렸다. 그 이후에 쇠 구조물을 문 앞에 설치했는데 소 잃고 외양간 고친다는 식으로 되고 말았다.

많은 리쿼샵들이 이런 문제들로 고민하고 있다. 어떤 가게는 문을 철문으로 막고 창문도 쇠창살로 막아서 보안 문제를 해결한다. 기본적으로 문 밖에는 보안 쇠기둥이 두 개가 설치되어 있다. 알람 장비는 상점 안에 있지만 알람이 울리고 출동하는 데 많은 시간이 걸린다. 경비 회사마다 틀리지만 주인과 경찰이 출동하거나 경비 회사가 출동하는 시간이 빠르면 5분에서 6분 정도 걸린다. 이 때문에 많은 문제를 가지고 있다. 이미 물건을 전부 훔쳐간 상황에서 출동한다면 경비 회사에 문제가 있는데 주인은 출동할 때마다 비용을 지불해야 하므로 손해는 고스란히 주인에게 돌아온다. 그리고 보험을 들어도 보험 청구를 할 때 Access 비란 명목이 있다. 이 비용을 내야만 보험이 청구되기 때문에 주인은 이런저런 손해를 많이 본다. 이런 단점을 갖고 있는 반면에 리쿼샵은 한국 사람들이 많이 한다. 그 이유는 고정 매출이 나며 이익률이 좋고 판매가 꾸준하다는 장점이 있다. 또 아침 늦게 시작할 수 있는 유일한 사업이다. 판매가 꾸준하다는 것이 장점이다.

물론 하나님의 일을 하는 사람들에게 술을 판매한다는 것은 양심에 걸리기도 한다. 가끔 시내에 리쿼샵 사업을 하는 분을 만나면 매일 양주 한 병씩 사 가는 사람이 있었다고 한다. 그런데 그 사람에게는 팔기 싫다고 하시는 것이 아닌가. 이유를 물으니 그 사람은 알콜 중독자라는 것이다. 참 어쩔 수 없는 상황에서 판매를 하지만 심각한 수준의 술 판매는 걱정이 된다고 한다.

여기서 나그네 같은 이민자들이 제일 먼저 생각해야 할 문제가 있다. 그것은 사업이 갖고 있는 사회적 책임이다. 사업은 많은 사람들이 무엇을 하든 상관이 없다고 하지만 사실 중요한 사회적 책임을 지고 있다는 것을 알아야 한다. 이민 온 사람이 무엇을 가릴 것이냐 하겠지만 적어도 이민 사회에서 도리와 관계 책임을 져야 된다. 청소년들에게 술을 팔거나 알코올 중독자에게 술을 파는 것은 적어도 금해야 하지 않을까.

그리고 한국 사람들 중에 단합이 잘되고 협조가 잘되는 사업이 리쿼샵이다. 여러 가지 이유가 있지만 공급자에게 받는 가격은 구매하는 개수에 따라 틀린다. 소매 사업에서 제일 원가를 줄이는 방법 중에 고전적인 것은 수량을 늘려 구매하는 단가를 줄이는 것이 최선의 방법이다. 같은 업종끼리 서로 네트워크가 이루어져 필요한 품목을 싸게 산다. 중심이 되는 사람, 즉 큰 창고를 가진 사람이 물건을 구매하게 하고 구매 금액을 서로 분할한다. 이런 공동 구매가 이루어지는 것 중에 가장 보편적인 것은 바로 바이트 아이템이다. 공동 구매를 제일 많이 하는 것은 바로 맥주다. 리쿼샵 사업자들은 정기 모임이 있거나 골프를 치거나 긴밀한 관계를 유지하면서 업계의 정보를 서로 공유한다. 그래서 필자가 시스템을 설치하고 다른 점포를 진행하기가 제일 쉬웠던 것은 바로 리쿼샵이었다. 왜냐하면 한곳에서 다른 사업장에 바로 소개가 되기 때문이다. 그만큼 서로간의 신뢰가 중요한 것이다.

3. 한국 식품점

나그네 같은 이민자들이 제일 경쟁이 치열한 것은 바로 한국 식품점이다. 누구나 쉽게 한국에서 물건 수입이 가능하고 쉽게 팔 수 있기 때문이다. 그래서 많은 한국 이민자들이 이 업종에 종사한다. 그러나 이들은 조국의 상품을 이국 땅에서 심어가는 전사들이며 자랑스런 이민자들이다.

필자의 많은 고객도 한국 식품점을 하는 사람들이다. 주로 한국 식품만을 취급하기 때문에 일반 도로에서 접근하기 좋은 곳보다 주로 한국인들이 많이 이용하는 정육점, 미용실, 한국 음식점 같이 들어서 있는 한인 타운에 위치하는 것이 좋다. 한국 식품점은 속성상 일주일에 한 번 꼴로 식료품을 사거나 정기적으로 오기 때문에 한인 타운에서는 없어서는 안 되는 상점이다. 대부분 한국 식당, 중국 음식점, 정육점, 건강 식품점, 학원, 미용실, 반찬 전문점 등이 있다. 이렇게 여러 나그네 같은 이민자들이 서로 도와가며 필요를 채우고 있다. 이것이 하나님이 원하시는 모습이다. 한 상점이 한 곳에서 하는 것보다 서로 도움을 채우면서 같은 한국인들을 대상으로 하는 여러 상점들이 모인 것이다. 뉴질랜드의 오클랜드에만 8곳 이상이 된다. 이곳에 가면 한국의 맛을 그대로 보는 음식점 등 한국 사람들이 한국에 사는 곳보다 더 편하게 많은 것을 경험한다.

앞에서도 언급한 것처럼 한국 식품점은 치열한 경쟁을 한다. 주로 한인신문 광고를 통해 한국 사람들에게 기본적으로 판매하는 식품가격을 발표한다. 이렇듯 많은 한국 식품점들이 가격이 제일 싼 형태로 서로 경쟁한다. 아무리 가격을 경쟁한다 치더라도 이해하기 힘든 것이 있다. 그것은 주로 고객이 한인 이민자들에게 제한되어 있다는 것이다.

그만큼 사업의 출혈은 매출을 나누어 먹기 식이기 때문에 어려운 문제일수 있다. 좀더 큰 문제는 이런 식의 경쟁이 많은 업종에서도 일어난다. 어떤지역에서는 한국 식품점들이 같은 지역에 매우 가깝게 있어서 많은 문제를가지고 있는 곳도 있다. 고객의 입장에서는 좋지만 사업자의 입장에서는 매우 곤란한 경우가 많다. 어쨌든 한국 식품점은 좀더 많은 자본을 가진 사람과 혹독한 사업 경쟁을 이겨낸 곳이 성공할 것이다.

한 가지 꼭 짚고 나아가야 할 문제는 모든 제품이 유통 기간이 있다는 사실이다. 다른 제품보다 많은 배송 기간이 걸리기 때문에 한국 식품은 유통기간이 다른 제품보다 짧은 편이다. 이런 문제로 손님과의 마찰이 많고 유통기간이 다 된 제품은 헐값에 팔게 되는 악순환을 하게 되는 경우도 있다. 식료품의 특성상 유통 기한은 철저하게 지켜야 된다.

재미있는 것은 여기에도 마케팅의 법칙 바이트 아이템이 있다는 것이다. 그것은 쌀이다. 이민생활을 하더라도 한국 사람들은 매일 밥을 먹는다. 현지생활에 적응했더라도 한국에서 먹었던 식단을 하루 아침에 버릴 수는 없다. 그래서 이민 다음 세대도 이 식단을 버리지 못하고 매일 밥을 먹는다. 밥을

해서 먹는 양이 매일 4식구 기준으로 한 달에 적어도 한두 번은 쌀은 사게 되는 결론이 나오게 된다. 그럴 때 당연히 한국 식품점에 들르는데 가격이 싼 곳에 사러 간다. 이때 다른 식료품을 많이 구매한다.

또 하나 제일 많이 나가는 품목 중에 김치도 있다. 여기서는 웬만한 사람들이 김치를 담근다. 그래서 채소를 파는 가게가 웬만한 한인 식품점에는 꼭 있다. 재미있는 것은 초코과자 종류도 이 중에 하나로 작용한다. 그 이유는 아이들의 도시락에 간식으로 초코과자가 많이 쓰인다. 아이들의 도시락은 많은 엄마들의 고민이다. 후식 같은 것으로 한국에서 이민 오거나 유학 온 부모들이 항상 사는 제품이 바로 초코과자 종류가 된다. 이렇게 식료품 판매는 참 어렵지 않은 것이 바로 먹거리라는 이유로 항상 고정 손님이 많다는 것이다. 그리고 여러 가지 빵이나 김밥, 떡, 두부, 콩나물 등은 한국에서 수입하면 시간이 많이 걸린다. 그렇기 때문에 여러 식품 회사들이 고정적으로 한국 식품점에 납품을 하는 형태로 공급한다.

4. 데어리

한국의 슈퍼마켓과 같은 것이 데어리(Dairy)다. 한국의 작은 슈퍼마켓 정도로 생각하면 된다. 각 지역의 요소마다 동네마다 현지에 사는 사람들을 상대로 우유나 식료품을 판매하는 작은 상점이 데어리다.

과연 사업의 수요와 가능성은 어떨까? 한마디로 지역에 따라 틀리겠지만 많은 경쟁 요소를 가지고 있는 것은 분명한 사실이다. 고정 고객을 가지고 있다. 매출의 절반 이상이 식품에 관련된 우유, 빵, 담배 등이다. 보통 현지인들 지역에 살고 있는 사람들은 대형 식품점을 일주일에 한 번씩 간다. 그러나 현지인들은 이런 간단한 물품 때문에 다시 대형 식품점에 들리지는 않는다. 가까운 데어리에 가면 우유, 식빵 등은 바로 살 수 있기 때문에 조금 비싸더라도 감수하고 먹는다. 대형 식품점에 살 것이 다 떨어졌을 경우도 마찬가지이다.

그런데 요사이 한국의 할인점 형태의 대형 식품점이 뉴질랜드 지역 지역

마다 들어서기 시작했다. 가까운 거리에서 대형 식품점을 접할 수 있는 기회가 많아졌다. 새로운 상권이 형성되면서 가장 큰 피해를 보는 것은 그 근처의 작은 상점들이다. 한국도 마찬가지로 대형 할인점이 생기면 피해를 중소 상인들이 고스란히 보게 된다. 이런 일련의 세계적 풍조가 여기 뉴질랜드에서도 일어나고 있다. 사업을 시작하기 전에 그 위치에 새로운 상권이 생기는지 정보를 반드시 알아야 한다. 그래야만 소중하게 시작한 사업이 근처의 새로운 상권의 출현으로 인해 피해를 입는 것을 막을 수 있다. 특히 이런 식료품을 파는 작은 데어리는 막대한 자본을 들여 들어서는 할인점이나 대형 식품점에 속수무책으로 당하기 쉽다. 그 점을 고려하여 항상 인수하는 데어리 위치를 고민해야 한다.

두 번째로 주요 고객은 물론 근처에 사는 지역 주민들이 대부분이다. 한가지 재미있는 것은 주로 학교, 관공서, 병원 근처에 있는 데어리가 성업을 하고 괜찮은 편이다. 여기도 아이들이 학교 수업이 끝나는 시점에 주로 부모들이 픽업을 하기 때문에 부모의 손을 이끌고 사 달라고 조르는 아이들이 많이 있다. 한번은 필자가 학교 근처의 데어리에 보안 카메라를 설치하고 교육할 때 일이다. 학교가 끝나는 시간에 들어오는 아이들을 보고 많이 놀랐다. 그저 아이스크림, 과자, 빵 등을 사는 아이들이 인산인해를 이루고 있었다. 그 시간 대에 많은 물건이 분실되기 때문에 보안 카메라를 달 수밖에 없다고 한다. 그런데 어떤 아이들이 구석진 곳에서 가방에 과자를 쓸어 담는 것이 보였다. 결국 경찰에 신고해서 해결하였지만 그 고충을 알 만한 것 같았다.

다음으로 시작하기 전에 알아야 할 사항들이 바로 구매처에 대한 정보이다. 여러 사업장을 보면서 보통 카운터를 맡아야 하는 주인은 오후에 없다. 그 이유는 주인은 물건을 확보하기 위해 오후 시간이나 일주일에 시간을 정해서 항상 물건을 구매하러 다니기 때문이다. 보통은 물건을 공급처에서 배

달 받는다. 그런데 배달 받는 경우에 가격이 비싸기 때문에 좀더 싼 물건을 확보하기 위해 주인은 노력해야 한다. 대형 쇼핑몰의 세일 기간에 맞추어 주인은 물건을 사러 대형 식품점에 들른다. 참으로 아이러니한 것은 이럴 때 가게 주인은 자기 가게의 고객과 마찬가지로 대형 식품점의 고객에 불과하다. 그러나 이러한 노력이 바로 나그네들이 세상을 이기는 힘이 된다. 나그네 같은 이민자들은 이런 고충을 이겨야 한다.

사실 어디에서나 경제를 이끄는 사람들은 이런 소규모 상인들이다. 나그네 같은 이민자들이 이 나라의 경제를 이끄는데 이런 현실이 서글프다. 나그네 같이 사는 이민자들이 겪는 고초가 천국에서는 추억이 된다. 작은 자들이 천국에서 큰 추억을 갖는다. 천국에서 큰 나그네들은 대형 식품점에서 물건을 세일할 때 사서 동네 가게인 데어리에서 판매한다. 그것도 대형 식품점에서 물건을 많이 살 수 없어 이 눈치 저 눈치를 보면서 물건을 산다고 한다.

그러나 하나님께서는 이런 모든 것에서 지혜를 주신다. 작은 것도 소중히 여기시는 분이시다. 나그네가 너무 큰 것에 맞추어 산다면 인생은 너무 허무할 것이다. 이웃집 데어리 아저씨가 주는 아이스크림의 맛을 알아야 한다. 이웃집 데어리 아저씨가 주는 사탕을 받아 먹는 아이들을 생각해 보라. 즐겁게 웃는 아이들은 진정 이웃을 사랑하고, 진정 이웃의 아픔을 알 것이다. 그러나 대형 식품점에서 에누리 없이 계산하고 먹고 싶은 것을 트롤리에 담아가면서 일주일 단위로 먹고 사는 인생을 생각해 보자. 하나님이 주신 인생에 있어서 참 단조롭고 허무한 일이 아닐까. 대형은 정을 못 느낀다. 하나님은 작은 것에 많은 것을 생각하게 하며 더 귀하게 여기신다. 크다고 하나님 나라에 먼저 들어가는 것이 아니라 작은 자가 되어 섬길 수 있는 마음을 중히 여긴다. 이웃집 데어리 아저씨처럼 말이다.

모든 것이 규모의 경제로 생각을 하다 보니 많은 것을 잃어버리는 것 같다. 나그네 같은 이민을 와서 누구나 사업에 대해 고민한다. 어느 정도의 규모로 사업을 해야만 성공할 것인가를 누구나 고민한다. 그리고 자금 규모에 맞게 사업을 준비하게 된다. 그런데 문제는 이 사업의 규모를 누구나 크게 생각한다. 그리고 지금 이 현실이 작은 가게를 할 수밖에 처지를 비관하게 된다. 이것도 유혹의 일종이 아닐까 생각한다. 큰 대형 상점들은 다 작은 가게서부터 시작되었다는 것을 잊지 말아야 한다. 한국은 대기업이 만들어 초기부터 운영하는 것이 어느 정도 많이 있지만 여기 뉴질랜드나 서구 사회에서는 대형 상점들은 초기에는 작은 가게에서부터 시작한 것들이 많다. 그들은 사회 시스템과 관계를 중시하기 때문에 많은 시간이 흘러서 사업을 연속으로 성장시키는 것은 매우 쉽다. 여기에 가장 유명하다고 하는 'warehouse'라는 큰 대형 상점도 마찬가지이다. 현재 전 뉴질랜드 지역에서 수백 개의 지점이 있고 많은 사람들이 이 상점에서 일한다. 초기에 이들은 타카푸나의 작은 상점에서부터 시작했다. 계속 꾸준하게 판매를 하고 많은 노력을 하고 확장시켜 지금은 뉴질랜드 토착 기업으로서 가장 성공한 상점의 모델이 되었다. 하나님은 나그네 같은 이민자들에게 많은 기회를 주고 계신다. 하나님께 작은 것에 대해 감사할 때 이민자들에게 끊임없이 복을 주신다.

데어리의 기본 아이템은 우유와 담배이다. 항상 신선한 우유를 받아야 한다. 그런데 데어리를 경영하면서 새벽에 문을 여는 것이 제일 어렵다. 우유 배달이 새벽에 온다. 그리고 많은 사람들이 출근길에 데어리에 들려 그 신선한 우유와 담배들을 사기 때문에 꼭 열어야 된다. 아침을 여는 데어리 이민자가 나그네 같은 이민 생활에서 중요한 역할을 하는 분들이다. 나그네 같은 삶을 살면서 그분들의 사업장에도 하나님께서 존재하신다. 그분들이 새벽을 열 때 같이 계시는 하나님이 그분들의 사업장을 보호하고 계신다.

5. 옷 패션, 잡화점

패션과 옷을 입는 형태는 그 나라의 문화가 갖고 있는 차이점을 가장 극명하게 나타난다. 뉴질랜드는 자연주의 나라다. 모든 것이 자연 그대로를 유지하기 위해 많은 노력을 하는 나라다. 오죽하면 그 흔한 전광판 광고가 거리에 없다.

많은 상업지역 건물들에 거대한 광고 사진만 있지 전광판은 없다. 화려함을 싫어하는 것이 아니라 자연 그대로를 유지하자는 것이 서구 사람들의 생각이다. 옷도 사람들의 표현 양식이기 때문에 많은 사람들이 자연스러운 옷을 입는다. 또 때로는 신발을 전혀 착용하지 않고 거리에 다니는 사람들도 있다. 처음에는 참 이상한 눈으로 보았지만 지금은 그들의 문화를 이해하기 때문에 충분한 이해가 간다.

그렇다면 이런 고객을 대상으로 패션, 옷 등을 파는 사업은 어떨까? 무엇보다 유행의 척도를 가늠하고 물건에 대한 수요를 예측하는 것이 중요하다.

결국 어떻게 물건을 공급하느냐에 따라 사업의 승패가 달려 있다. 구매를 할 때 보통 원가를 줄일 수 있는 방법은 여러 가지가 있다. 그 중에 제일 큰 것은 대량 구매를 통한 원가를 줄이는 경우가 대부분이지만 옷의 특성상 한 가지 품목에도 여러 가지의 색깔과 치수로 나누어지는 것이 문제이다. 이런 특성 때문에 적기에 적당한 종류와 색깔을 골라 옷을 공급해야만 사업을 성공적으로 운영할 수 있다.

필자가 여러 패션 사업장에 시스템을 판매하면서 이민자들의 가장 큰 고민은 늘어나는 재고를 어떻게 해소하느냐이다. 계절적인 영향 또 유행이 지난 옷 등이 많지만 한결같은 이민 사업자들의 이야기는 뉴질랜드는 한국처럼 유행이 빠르지 않다고 한다. 또한 그것을 알아내기가 굉장히 힘들다고 한다. 그리고 정확히 말하자면 빠른 유행이 아닌 어떤 느린 종류의 유행을 알아내야 한다. 그것을 통해 어떤 것이 잘 팔리는지 알아내야 한다. 한마디로 유행은 있지만 그것은 유행이 아니라 그때의 자연적인 선택의 물결이라 말할 수 있다. 그리고 그것은 아주 느리게 흐르는 물결 같은 것이다.

이렇기 때문에 옷이나 패션 아이템 사업장의 주인은 물건을 어디서 구하느냐가 제일 중요한 요소이다. 이로 인해 원가를 줄이고 유행이 느린 서구 사회에 옷을 공급하는 최선책이 되어야 한다. 정답은 없다. 어쩌면 어떤 분들이 한국의 동대문 상가에서 유행이 떨어진 옷을 가져와서 팔아도 현지인들에 맞으면 그것이 답이다. 중국에서 들여오더라도 현지인들에게 친숙한 옷 색깔이고 치수가 맞으면 그것이 답이다. 또 한 가지 이런 때에 꼭 챙길 것은 옷의 치수가 현지인들에 맞아야 한다는 것이다. 여자 옷인 경우도 많은 차이가 있기 때문에 맞는 치수에 대한 고민을 해야 한다.

현지 브랜드의 강세가 현지 사람들에게 있기 때문에 현지 브랜드를 무시하면 안 된다. 우선 조사를 통해 현지 브랜드와 팔려고 하는 옷과 비교를 해야 한다. 당연한 시장조사 수준을 벗어나서 어떤 종류가 많이 팔리는지를 꼼꼼히 비교하고 물건을 수입해야 한다.

한번은 프랜차이즈를 통해 옷을 공급하려는 분을 만나 그분의 POS 시스템을 공급하는 일을 맡았었다. 그런데 이상한 것은 한 가지 브랜드만을 안 하고 여러 가지 브랜드를 통해 프랜차이즈를 하는 것이었다. 그 이유를 물었더니 여러 채널을 통해 같은 브랜드를 만들면 현지 토착된 브랜드 업체에서 방해하는 많은 일들이 들어온다고 한다. 같은 대형 쇼핑몰에 입주하면 당연히 경쟁하게 된다. 그리고 다른 토착 브랜드가 들어오면 그 브랜드를 만든 회사를 상대로 여러 방해하는 일들이 들어온다고 한다.

참 슬픈 일이다. 나그네 같은 이민 생활에서 살기 위해 사업을 하는 사람들은 이런 토착 상인들의 방해를 많이 접하게 된다. 그럴 때 어려움에 봉착하게 된다. 그런 때일수록 끊임없이 싸워 나가야 한다. 포기하지 말아야 한다.

하나님께서는 나그네 같은 이민자들에게 여러 시험을 주시고 그것을 이겨내고 성장하기를 원하신다. 이런 시험은 여러 가지의 어려움으로 나타난다. 그 어려움은 이민자들이 어떻게 생각하느냐가 중요하다. 하나님께서는 어떤 어려운 문제도 해결할 수 있는 방법을 주신다. 이민자들이 이길 수 있는 것은 환경에 있는 것이 아니라 이민자들 자신에게 있다.

6. 화장품, 미용사업

한국이나 뉴질랜드나 사업의 구매자를 확실히 잡는 것은 타깃 마케팅이다. 그런 일면에서 보면 화장품을 팔거나 미용 제품을 파는 일은 여성만을 타깃으로 하기 때문에 마케팅이 좀더 세밀해야 한다.

여기서 또 한 가지 이런 사업은 물건을 파는 것을 위주로 하는 것이 아니라 서비스를 겸하여 파는 것이 효과가 확실하다. 미용 상품을 팔거나 서비스를 하거나 어느 것을 주로 하든 가장 중요한 것은 서비스를 통한 타깃 마케팅을 해야 한다. 그만큼 이런 사업으로 성공하려면 전문적인 서비스를 배워야 한다. 왜냐하면 이 비즈니스 차이는 물건의 차이보다는 서비스의 차이로 승부가 많이 나기 때문이다.

물건은 어디에 가도 차이를 구별하기가 어렵다. 미용 상품의 특성상 바로 알 수가 없기 때문이다. 그러나 서비스는 바로 차이가 난다. 다음 장에서 서비스 사업에 대해 다루겠지만 이런 부분이 화장품이나 미용 제품을 파는 곳에서는 중요한 성공 요소가 된다.

하나님은 성경에 모든 사람을 주님과 같이 대하라고 하셨다. 어느 길에서 작은 자를 대한 것이 예수님을 대한 것과 마찬가지라고 하셨다. 믿는 사람뿐만이 아니라 믿지 않는 사람도 알아야 한다. 하물며 사업을 하는 것에 대하여 이 원칙이 얼마나 중요한 것인지 알아야 한다. 작은 손님에 대한 태도가 중요하다. 많은 이민자들은 사업의 성공 요인이 큰 것에 있다고 생각한다. 그렇지만 손님에 대하는 직원의 작은 웃음이 사업의 성공 요인이라는 것을 알아야 한다. 작은 것에 충실하는 것이 큰 사업에 강하게 작용한다.

우선 미용 사업에 있어서 고객의 정보와 요구 사항이 많은 차이가 있기 때문에 충실하게 기억해야 한다. 그것을 알고 시스템이든 카드에 기록해야 한다. 세밀한 것까지 기록해야 한다. 이것은 어려운 일이 될 수도 있지만 손님의 각자의 서비스 기록을 만들지 않고 진행하는 것은 손님에 대한 서비스 정신이 없는 것이다. 먼저 무엇이 중요한 지를 알고 직원 교육과 서비스 교육을 철저히 시켜 서비스를 할 수 있도록 해야 한다.

7. 건강 식품점

건강은 우리에게 제일 중요한 인생의 요소이다. 그런 점에서 우리가 이민자로 살면서 건강에 대한 투자와 관심은 끊임없다. 뉴질랜드라는 나라를 생각할 때 청정의 나라라는 이미지를 먼저 떠올리게 된다. 건강식품에서 청정은 좋은 이미지를 부각시키고 발전시켜 뉴질랜드에서 제일 잘 나가는 사업의 요인 중에 하나이다.

특히 뉴질랜드는 청정 해역에서 나오는 홍합 성분이 바로 관절염 등에 좋은 것으로 알려져 많은 호응을 받고 있다. 여기에 살고 있는 원주민 마오리족들은 바다에 나오는 홍합을 먹고 살았기 때문에 관절이나 뼈에 관련된 질병이 전혀 없었다고 한다. 그만큼 뉴질랜드 홍합 관련 건강 식품은 많은 수요가 있고 한국 등으로 선물용으로 많이 나간다.

그리고 오직 뉴질랜드만이 초유만을 만들어 수출하고 있다. 다른 나라가 못 만드는 이유는 광우병 발병으로 초유를 생산하지 못한다. 간단하게 광우

병이 생기는 이유를 살펴보면 소에게 풀 등의 식물성을 먹이지 않고 육류 사료를 먹인 결과로 생긴 소의 병이다. 이런 재앙이 뉴질랜드에는 없는 이유는 간단하다. 차를 타고 가다 보면 보이는 것이 모두 목초이니 많은 소와 양들이 육류 사료를 먹을 필요가 없다. 뉴질랜드는 광대한 목장이라고 할 수밖에 없다. 몇십 일 간격으로 소나 양 떼를 목초지를 바꾸어 가면서 풀을 먹인다. 목장에서 할 일은 다른 목초지로 위치를 바꾸어 주고 물을 공급해 주면 끝이다. 식수도 공급하는 관제 시설이 되어 있어서 각 목초지마다 커다란 우물처럼 물을 받아서 소들에게 공급한다. 이런 관계로 광우병에 걸린 소는 없다. 그리고 당연히 그 소에서 나오는 면역력을 높여 주는 초유는 바로 2차 가공 제품으로 많은 인기가 있다.

국가 경쟁력이란 것이 있다. 확실한 이미지 브랜드가 국가 경쟁력의 요인이 될 수 있다. 현지 사람들이 한국이라는 나라를 떠올리면 무엇이 생각나는지 생각하지 않을 수 없다. 6.25 전쟁, 올림픽이 그저 한국 사람들에게는 역사뿐인 것들이다. 이것이 한국이라는 나라가 떠올리는 브랜드의 현주소이다. 문화를 통해 국가 경쟁력을 키우고 이미지를 통해 산업을 일으키는 것이 중요한 때이다.

본론으로 돌아가 건강 식품점의 가장 좋은 위치는 바로 한인 타운에 있는 것이다. 전적으로 한국 사람들을 대상으로 하면서 많은 한국에 있는 사람들과 연계를 맺어야 된다. 이민자들이 대부분 그 지역에 있는 사람을 상대로 사업을 하지만 건강 식품점은 모든 한국 사람들을 상대로 사업을 할 수 있는 장점이 있다. 그러다 보니 한국의 환율과 경제 상황에 가장 민감하게 반응한다. 그런 면에서 동전의 양면처럼 많은 것을 고려해야 한다. 이 사업의 승패의 관건은 인적 네트워크를 얼마나 많이 쌓느냐에 달려 있다.

4장
나그네 같은 이민 생활에서 무엇을 해야 잘 먹고 잘사나!

서비스 사업에 대하여

1. 유학 산업

이민자들로 구성된 나라에서 새로운 이민자들이 들어오는 것은 당연히 환영할 일이지만 작금의 세계는 그렇지 않다. 언어의 장벽보다 더 큰 것은 바로 믿음의 장벽인 것 같다. 테러가 일어나고 신분을 믿을 수 없는 사람들이 들어와서 이민 사회를 교란시키는 일이 비일비재하게 일어난다. 그러니 언어를 수단으로 장벽을 만들어 이민의 문을 닫아 버렸다. 이민자의 영어 점수가 얼마 이상 되어야 한다고 한다. 현지인들도 그 점수는 안 나온다고 한다. 이 얼마나 아이러니한가. 이런 이민 정책은 정치적이며 언어 때문에 생긴 벽을 더욱 크게 만든다. 이러한 장벽 사이에 유학원이 있다. 어쩌면 유학 산업은 이민 정책적인 면에서 제일 큰 영향을 받는다.

이런 이민 서비스 산업을 통틀어 가장 크게 일어나는 것이 새로운 이민자들이다. 처음 들어오면서 어학원을 선택하고 영어를 배우는 과정을 모든 사람들이 하게 된다. 여기에는 수많은 영역의 사업이 존재한다. 이 유학 산업은 뉴질랜드에서는 산업의 근간이 될 정도로 큰 비중을 차지한다. 그만큼 이 사업은 자본이 적은 규모로는 에이전트로도 가능하며 숙박 시설을 가지고 있으면 유학생을 위한 숙박 사업도 가능하다.

워낙 규모가 크고 많은 사람들이 종사하기 때문에 관련 유학 산업에 관하여 무엇을 할 것인지 정의는 할 수 없지만 이것만은 확실하다.

이 산업에 종사하는 사람들은 사람을 다루는 일이기 때문에 굉장히 많은 스트레스를 갖고 있다. 필자가 만난 많은 사람들 중에 유학업종에 종사하는 사람들이 있다. 그런데 그들의 필요에 따라 컨설팅을 진행하면서 공통점을 발견하였다. 물건은 거짓말을 하지 않는다. 그러나 사람은 거짓말을 하고 변한다. 이런 속성으로 이 업종에 종사하는 사람은 스트레스가 심하다. 한 예로 전화를 보면 안다. 한국에서 유학생 부모들이 전화를 하고, 유학 온 학생을 홈 스테이 하는 현지 가정에서 전화를 하고, 유학 온 학교의 담임 선생이 전화를 하고, 유학 온 학생 본인이 전화를 한다고 생각해 보자. 매일 시달리는 것은 전화통이다.

하나님의 나그네 같은 사람들이 이 직종에 있으면 아마도 시험을 두세 번은 당할 것이라는 생각이 들었다. 부모는 절대적으로 아이들의 말을 듣기 때문에 국제 전화를 통하여 걸려온 자식의 투정이 화살이 되어 유학하는 사업자에게 날아간다. 그러면 마치 해명의 전쟁처럼 반복적인 것을 되풀이하고 결국 그 이민 사업자는 폭발 지경에 이르는 것이다.

그런데 이런 어려움 속에서 꾸준히 사업을 하는 사람들은 대규모의 매출을 올린다. 고생한 보람을 주는 것일 수도 있다. 현지에 학원과 어학원을 하려면 대규모의 자금이 있어야 한다. 학원 건물, 선생님, 교육부의 인가 등 아주 복잡한 것들이 많다. 특히 교육부의 관리 항목이 엄격하여 정기적으로 감사가 나오는데 이것이 만만치 않은 스트레스를 준다고 한다. 학생 비자와 관련하여 이민성과 연관이 많아 이민 업무도 같이 해야 한다. 필자가 어학원을 컨설팅하면서 제일 많이 안타깝게 느꼈던 것이 있다. 그것은 여기에 유학 온 엄마들도 한국에서 온 습성을 버리지 못하고 아이들을 학원으로 돌리는 것을 보고 참 놀랐다. 이것 때문에 학원이 잘된다고 한다.

보통 유학원은 어학원과 달라서 자본이 그렇게 없어도 가능한데 한국의 인맥이 많아야 유지가 된다. 한마디로 에이전트 개념이기 때문에 계약된 학교나 학원이 많아야 기회가 많아진다. 그런데 이것은 아주 특수한 관계가 아니면 거의 완벽한 신용을 가지고 있어야 사업이 이루어진다. 왜냐하면 한국에서 뉴질랜드에 오려는 사람이 돈을 선뜻 얼굴도 모르는 사람에게 보내는 것은 힘들기 때문이다. 대부분 한국에서 알던 친척이나 친구 등을 토대로 신용을 만들어 오는 것이 유학원 사업의 시작이 된다.

2. 미용실

아마도 모든 사람의 머리카락은 자랄 것이다. 이런 이유로 미용실은 한국에서나 이민을 온 이 나라에서나 손님이 정기적으로 찾는 곳 중의 하나이다. 결국 이·미용실과 관련한 사업을 준비하는 사람은 절대적으로 고객 관리를 해야만 한다. 그리고 각 손님마다 원하는 스타일이 틀리기 때문에 단번에 원하는 스타일을 찾아서 서비스를 해 주어야 한다. 그런데 이런 감각은 웬만한 사람이 아니고서는 불가능하다. 그래서 한국에서 미용실 계통에서 일하던 사람들이 여기서도 이 사업을 꾸준히 잘한다.

가끔 길을 가다 보면 창고에 미용실이 있는 것을 볼 수 있다. 사실 어찌 보면 나그네 같은 이민자들의 진정한 사업 형태를 취한 것이라고 생각한다.

필자가 아는 분도 부인이 미용 기술을 배워서 사업을 할 생각을 하였다는데, 돈이 없어서 가게를 열 정도는 안 되었다고 한다. 궁리 끝에 웬만한 집에 다 있는 창고에서 시작하였다고 한다. 처음에는 입소문을 타고 손님이 왔는데 점점 소문이 퍼져 많은 사람들이 예약을 해야만 머리를 손질하는 곳이 되었다고 한다.

지금 이 이야기는 실제로 있는 일이며 이런 분들이야 말로 진정하게 무전여행으로 떠나는 나그네 같은 이민 생활을 하는 것이다. 진취적이며 모험적인 생각으로 그들의 영역을 넓히고 알리는 것이 진정한 나그네 정신이다. 그런 나그네 정신을 가지고 이민의 삶을 살 때 하나님께서는 그 지경을 넓혀 주신다.

> 갈렙이 모세 앞에서 백성을 조용하게 하고 이르되
> 우리가 곧 올라가서 그 땅을 취하자 능히 이기리라 하나
>
> 민수기13:30

갈렙과 여호수와 같이 당신은 그 땅을 취하는 이민자가 될 수 있다. 결코 굴하지 않은 정신, 이것이 하나님을 아는 나그네 정신이다. 어디를 가도 아낙 자손의 거인들 같은 두려움이 존재한다. 하나님의 나그네 정신은 이것을 이겨내야 한다. 그 땅을 취하고 그 땅에서 하나님의 뜻을 전달해야 하다.

하나님께서는 네가 말한 대로 실행하겠다고 하셨다. 나그네 정신은 이런 하나님의 약속을 믿고 나아가는 것이다. 무전여행을 하듯 거인 아낙 자손들이 돈에 구애 받지 않고 가나안을 정복한 것처럼 이방의 땅에 이민 생활을 도전하는 것이다.

3. 네일샵

가끔 서비스를 한다는 것에 아주 경이감을 느끼는 것이 있는데 이것은 손톱 수선점이다. 영어로는 네일샵(nail shop)이다. 그렇게 작은 부분을 거의 2시간 동안 서비스 하는 모습을 보고 참 대단하게 생각했다. 여자 네일 디자이너가 몇 시간을 손님의 손톱을 손질하면서 디자인 하는 것이 경이로웠다. 그렇게 작은 손톱에 공을 들이고 다듬어서 정말 아름다운 보석 같은 것으로 만들어 내는 것이다.

주로 쇼핑몰 안의 통로 쪽에 자리잡고 있으며 고객 상대는 말할 것 없이 주부나 여성들을 대상으로 한다. 이것 또한 머리처럼 자라나고 정기적으로 손질해야 하기 때문에 고객 관리를 철저히 해야 한다. 시간이 지나면 예약 사항을 정기적으로 체크하고 고객을 관리해야 한다.

한가지 더욱 힘든 사실은 네일 전문 디자이너를 구해야 한다. 직접 할 수도 있지만 한국에서 경험한 사람을 구하거나 네일 디자인 학원을 다녀서 전문적으로 배워야 하고 많은 숙련된 기술을 가져야 한다. 사실 이런 것은 사업에서 기술적인 관점을 가지고 손님을 관리한다면 좋은 영향을 준다. 기술의 필요는 손님과 철저한 대화를 통하여 얻어야 한다. 그들이 원하는 것은 정말로 다양하기 때문에 기술적으로 원하는 것들을 맞추어야 한다. 그렇기 때문에 네일샵을 하려면 주인이 우선 기술을 아는 것이 중요하다. 학원이든 어디든지 먼저 기술을 알아야 한다. 손님과의 대화나 모든 문제를 해결하는 것이 손톱관련 기술이기 때문에 다른 사업보다 가장 우선시하는 것이 경험을 기반으로 하는 기술이다.

4. 부동산 중개인

보통 오클랜드의 한인 잡지에 나와 있는 주소록에 제일 많이 등록되어 있는 업종이 부동산 중개인들이다. 그도 그럴 것이 개인이 진행하는 것이라 연락처가 중요하다. 모든 중개인의 전화번호는 소속 부동산 중개 회사별로 개인 이름과 이동통신 전화번호가 먼저 나오고 그 다음에는 소속회사의 전화번호나 사무실, 집 전화번호가 나오는 것이 특징이다. 개인 중개인은 부동산 중개 회사에 속해 있지만 그들은 거의 성과급제로 진행이 되기 때문에 어떻게 보면 하나의 독립된 사업체나 마찬가지이다. 아마도 사무실에서 지원하는 것은 전산 시스템, 전화, 여러 가지 지원이 있을 것이지만 한가지 분명한 것은 절대로 월급으로 받는 것이 아니라 부동산 거래에서 나오는 커미션에 의해 수익이 생성된다.

여기에도 부동산 호황이 있었다. 많은 사람들이 너도 나도 부동산 중개인이 되는 것 같았다. 어느 날 열심히 다른 사업을 하고 있고 필자와 거래를 하고 있는 사람이 한인 잡지, 신문에 부동산 중개인 광고란에 나왔다. 주로 인간관계를 통해 이익을 얻기 때문에 많은 사람들이 부업으로 하고 있다. 그리고 커미션을 수익으로 하기 때문에 많은 부동산 중개인들이 사람들에게 거래를 권하고 부동산이 오를 것이라고 말한다. 특히 높은 부동산 가격은 좋은 학군이 여기에도 적용된다. 한국만 그런 것이 아니라 모든 나라가 자녀 교육이 부동산 가격에 적용되는 것은 공통이 되는 것 같다.

그런데 필자는 많은 생각을 하였다. 우선 부동산 대출을 은행에서 90%까지 하거나 또는 돈이 없어도 부동산을 살 수 있다는 것이 무엇인가 문제가 있다고 생각하였다. 모두 다 부동산 중개인으로 뛰어드는 것도 그렇고, 사는 사람, 파는 사람, 돈을 대출해 주는 은행도 모두 다 무엇인가 한 가지 믿음을 가지고 있었다. 그것은 부동산 가격이 계속 오를 것이라는 것이었다.

그 한 가지 믿음만을 가지고 너무나 많은 사람들이 막차를 타기 시작했

다. 그런데 그 믿음이 여지없이 무너지는 순간, 많은 사람들은 고통으로 빠져들었다. 심지어 피해를 최소한으로 보호하고 있는 은행도 엄청난 적자를 보고 있다. 지금의 경제위기가 바로 이 한 가지 믿음을 가지고 가다가 발생한 것이다. 이것이 돈의 속성이다. 목적으로 전환된 돈을 숭배하는 것처럼 믿음이 되어 버리고 그 순간 인간은 고통을 당한다. 돈은 도구에 불과하며 믿음의 대상이 되지 못하는 것을 무전여행으로 떠나는 나그네 같은 이민자들은 알았으면 한다.

필자와 같이 일하는 중국 파트너도 90% 이상의 대출을 얻어서 집을 사려고 하였다. 필자는 걱정하며 말렸다. 어떻게 대출을 갚아 나갈 것이냐고 계속 이야기를 하였지만 좋은 학군에 비싼 가격을 그래도 싸게 집을 샀다고 위안하면서 부동산 중개인을 통해 집을 구하고 말았다. 그렇게 6개월이 흐른 후 미국의 서브 프라임 사태가 터지고 모든 버블이 가라앉기 시작했다. 그리고 그 중국 파트너는 일주일에 천 불 이상을 은행에 부채로 넣어야 하는 상황이 되었고 집의 가격은 폭락하여 산 가격보다 더 추락했고, 다시 팔아도 손해를 보는 상황에 들어갔다.

이만큼 부동산 때문에 많은 피해를 보는 것은 그리 어렵지 않다. 그래서 부동산 중개인이 되는 것은 책임이 크다. 그리고 쉽게 시험을 보고 쉽게 부동산 중개인이 되어도 거래 수수료로 수입을 받는 체계는 많은 어려움이 있게 된다. 정기적인 수입을 만들기 위해 다른 직업을 가지면서 하는 중개인들이 많이 있다.

특히 토요일이나 일요일에 팔고자 하는 부동산을 오픈 하는 오픈 홈이라는 것을 하기 때문에 남들이 쉬는 토요일과 일요일에 일을 해야 한다. 오픈 홈이라는 것은 많은 개인적인 것을 오픈 하는 것이 많아서 주인과 잘 상의하여 이루어져야 한다. 이런 모든 책임은 부동산 중개인에게 있다.

결국 나그네 같은 무전여행을 하는 이민 생활에서 직업을 갖는 부동산 중개인은 정말로 많은 생각을 해야 한다. 많은 사람들이 직업이 안정적이거나 쉬워서 한 번 해 볼까 하는 생각을 많이 가진다. 어떤 시대나 직업의 책임감을 갖고 있을 때 부동산 중개인 만큼 큰 책임감을 가진 사업은 없다.

5. 보험 중개인

서비스는 여러 가지 형태로 존재한다. 상품을 통하여 서비스를 하거나 지식을 통하여 전문적인 서비스를 하거나 정보를 통하여 부동산 중개인들처럼 커미션을 받는 서비스 등 많은 서비스 형태가 존재한다. 그러나 그 중에서 지식과 함께 서비스 상품을 파는 보험 중개인은 모든 서비스 형태를 모아 놓은 것과 같다.

보험 중개인은 크게 건강과 관련된 건강 보험과 자동차와 집에 관련된 보험 등으로 나누어진다. 관련된 지식이 많아야 중개인이 될 수 있다. 관련된 지식이 없이 보험 중개인을 한다면 많은 낭패를 경험하게 된다.

필자가 시스템을 납품하게 되면서 알게 된 분은 건강 보험을 전문적으로 하시는 분이었다. 그분은 모든 사업에서 정도를 걷고 있었다. 건강 보험에서 필요한 모든 지식을 가지고 있었고 전문적으로 건강 보험만을 하셨다. 자동차나 다른 것은 건강 보험에 집중하기 위하여 취급하지 않았다. 그것이 고객들에게 인정되어 상당히 많은 고객들을 건강 보험에 가입시켰다. 이것이 사업의 정도이다. 집중의 원리, 서비스는 바로 이런 것에 전문적인 것을 통하여 재화를 얻고 그와 동시에 사람들에게 도움을 주게 된다.

잘 먹고 잘사는 무전여행을 하는 이민자의 가장 중요한 요소 중에 하나가 바로 집중의 원리이다. 무엇이든지 집중을 한다면 많은 것을 얻을 수 있다. 많은 직업이 있고 이민자의 시각에서 보면 한계가 있다고 생각한다. 집중의 시작은 이런 한계를 극복하는 것이다. 단순한 성공의 원리는 집중에서 시작된다는 것을 잊지 말아야 한다.

결코 많은 일을 하지 못해도 좋다. 경험을 통하여 만드는 집중이 중요하다. 보험 업종은 많은 경험이 필요하며 이런 경험이 쌓일수록 좋은 서비스를 할 수 있다. 인생에 있어서 사건 사고는 어느 때에나 일어난다. 건강은 아무 예고 없이 안 좋아진다. 그럴수록 사람들을 위로하고 도움을 주는 것이 보험 중개인이 하는 일이다. 보험 중개인은 이것을 사업으로 한다고 생각하지 말고 정말로 사람을 위하여 사람을 살리는 일을 한다고 생각하면 된다. 이것이 하나님이 주시는 일이라 생각하면서 말이다.

6. 청소업

호주나 뉴질랜드에서 청소업에 종사하는 이민자들이 정말로 많이 있다. 오죽하면 필자도 직업을 청소하는 일을 이민오자마자 고려할 정도로 쉽게 일을 찾는다.

그런데 많은 업종의 이민자들을 만나도 청소업은 비밀을 간직한 것처럼 이야기하지 않는 것 같아서 필자는 청소하는 것에 관하여 제대로 알지 못하였다.

아마도 청소하는 것이 직업에 대한 자부심이 없어서 그러리라 생각한다. 그러나 하나님은 우리가 어떤 직업을 갖든 상관하지 않으신다. 그리고 호주나 뉴질랜드도 직업에 상관을 하지 않는 문화다. 한국처럼 청소하는 것이 직업의 자부심을 갖기 힘들고 직업에 평등이 존재하지 않는 것이 사실이다.

나그네 같은 이민 생활에서 제일 예수님과 비슷한 일이 바로 청소를 하는 것이다. 예수님께서 인간의 죄를 청소하시고 제자들의 발을 닦으시고 낮아지면서 십자가에서 돌아가신 것을 우리는 알아야 한다. 쇼핑몰이 빛나는 이유는 밤에 청소를 하는 사람이 있어서이다. 마찬가지로 이 세상이 빛나는 이유는 인간의 죄를 청소하는 예수님께서 계시기 때문이다. 또 그 예수님을 닮은 사람들이 자기의 죄를 깨끗하게 하고 세상에서 빛나기 때문이다. 직업에는 귀천이 없다. 하나님은 우리가 어떤 일을 하든 그 일로 인해 먹고 사는 문제를 해결하고 더 나아가 하나님을 대신하여 다른 사람에게 도움이 되길 바라신다.

이와 같이 청소하는 일은 여러 가지 종류가 있다. 청소를 하는 장소에 따라 많은 사업의 규모가 결정되는데 가장 많은 청소 일은 학교, 건물 청소이다. 많은 사람들이 학교 청소를 하는데 이것은 학교와 계약이 되어 있어서 몇 년 동안 안정된 수입이 되므로 사고 팔 수 있는 사업 매매를 한다. 어떤 사람은 학교 청소만 60군데를 하시는 분도 있다고 한다. 그분이 성공한 비결은 철저한 고객 관리에 있다고 한다. 그리고 그분은 청소의 상태를 항상 최상으로 만든다고 한다.

그 다음 제일 큰 청소 용역은 아무래도 쇼핑몰이다. 다행히 필자의 친한 지인이 이 일을 하고 있어서 자세한 사항을 들을 수 있었다. 청소를 하는 장비만도 몇 만 불이 들어가고 자본을 회전하는 여유가 있어야 진행이 가능하다. 가장 힘든 것은 직원 관리이다. 청소를 하면서 하루라도 직원이 빠지면 표시가 나기 때문에 어떠한 일이 있더라도 청소가 되어야 한다. 어떤 일을 하더라도 사람을 관리하고 사람을 잘 만나는 것이 중요하다. 그러려면 하나님의 눈으로 사람을 분별할 수 있어야 한다.

그 다음으로 힘든 것이 밤낮이 바뀌어 생활 리듬이 깨진다는 것이다. 어두운 밤에 일을 하고 낮에 잠을 잔다는 것은 쉽지가 않다. 필자가 제일 존경하는 사람들이 바로 남들이 쉬고 잠을 자는 새벽 아침에 일을 마치고 집으로 돌아 오는 사람들이다. 한국에서 박사 학위를 받았든, 사장을 하였든, 상관이 없다. 이분들은 많은 것을 희생하면서 살아간다. 이민 생활을 하면서 학교에 가고, 쇼핑몰에 가고, 어느 골목에 가도 밤에 일한 사람들 때문에 깨끗한 눈으로 세상을 보게 된다. 묵묵히 일하면서 무전여행을 하듯 나그네 같은 이민 생활을 하시는 모든 분들에게 하나님의 영광이 함께 하기를 바란다.

글을 마치며

많은 사람들은 무전여행이 돈이 없을 때 떠나는 것으로 생각하지만 돈이
있어도 무전여행을 한다. 없는 것들을 얻어 가는 무전여행이 나그네처럼 살
아가는 이민 생활에도 경험이 된다. 통장의 잔고가 중요한 것이 아니라 보다
더 중요한 것은 따로 있다. 나그네가 인생을 살아가는 동안 얻는 것은 예수님
의 사랑이다. 인생을 사는 이유가 무엇인지를 예수님의 십자가에서 발견해야
한다. 이민을 떠나는 것도 모두 다 이런 의미를 찾아가는 것이다.

무엇을 위해 살아가는가. 그런데 이런 의미를 단순히 먹고 사는 문제에
집중하면 안 된다. 잘 먹고 잘사는 문제, 이것은 하나님의 법칙에 집중을 하
면 그 다음에 잘 먹고 잘살게 된다. 어떠한 일을 해도 좋다. 나그네 같은 이민
자가 하나님의 법칙을 따라야 한다. 그러면 충분히 잘 먹고 잘살며 이민 간
나라의 주변인이 아니라 주인이 되는 것이다. 모든 것이 협력하여 선을 이루
는 것이 하나님의 뜻이다.

마지막으로 무전여행으로 떠나는 나그네 같은 이민자들에게 하나님의 은
총이 있기를 빈다.